インドのヒマラヤをバイクで走る
ロロロ
標高5000mを超える峠もある
ヒュオオオオ
落ちたら怪我くらいじゃ済まないだろう
高山病と
3週間続く下痢により
9kg痩せた
BIFLAC
BIFLAC
BIFLAC
BIFLAC
オオオ
不思議なものだな
あと…50km…
日本ではあれほど「人生投げ出したい」とか考えていたのに
今では必死に「生きる」ことを考えているんだ

ついに…
ここまでたどり着いた…

KADOKAWA
これは
鬱気味な
会社員による
ひと夏の
冒険物語
女ひとり、
インドの
ヒマラヤで
バイクに乗る。
里中はるか
（はるか180cm）

CONTENTS

※本書の情報は執筆時のものです。ご旅行の際は必ず最新情報をご確認ください。
金額の記述については、2022年7、8月の筆者の体験をもとに、1ルピー1.7円、1USD136円で計算しています。
紹介しているアイテムなどはすべて著者の私物で、仕様等は当時のものになります。

マンガの中に…現地動画レポートも！
スマートフォンやタブレットのカメラで二次元コードを読み取ると、著者が撮影した動画を視聴できます。旅のリアルな空気感をお楽しみください。

CHAPTER 3

CHAPTER 4

COLUMN

旅STYLE

無違反！無転倒！体重−9kg!!!!

旅のスケジュール

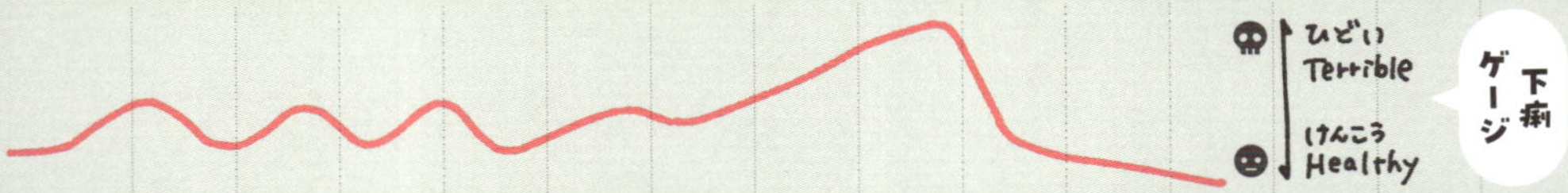

日付	場所	内容	
JUL 18	HO CHI MINH	完徹からの9時成田発　14時ベトナム着	
19	HO CHI MINH	**ホーチミンさんぽ**　久々の海外にテンションUP	①
20	HO CHI MINH	戦争証跡博物館→深夜便でデリーへ　友人宅泊	
21	DELHI	友人と**デリーさんぽ**　ローカルから都市を楽しむ	②
22	DELHI	疲労のため延泊　友人ありがとうすぎる	
23	LADAKH	デリー→レー（ラダック）へ　早速高山病	
24	LADAKH	下痢止まらず　入院・点滴・40度の熱　もう帰りたい	
25	LADAKH	1日療養　ツイ廃状態　はじめてのチベット料理	
26	LADAKH	**ティクセ・ゴンパツーリング**	③
27	LADAKH	1日休息　洗濯　ATM難民　6軒目で現金ゲット	
28	LADAKH	この日も1日休息　SIMカードゲット	
29	LADAKH	ヒッチハイクでダライ・ラマ14世法話　さながらフェス	
30	LADAKH	**カルドゥン・ラツーリング**　絶景すぎて日帰り	④
31	LADAKH	1日休息　かなり痩せててびびる	
AUG 1	LADAKH	**ヌブラ・バレーツーリング（再）**　みぞれと崖が恐怖	⑤

① ホーチミンさんぽ

旅にハマるきっかけとなったベトナムを12年ぶりに訪れ、感無量。

② デリーさんぽ

11年ぶりのデリーには求めていたインドがあった。

③ ティクセ・ゴンパツーリング

往復40km／半日
ロイヤルエンフィールドCLASSIC350

高山病と下痢を乗り越え念願の初ラダックツーリング。手に汗握りながらも近隣ゴンパ（寺院）まで行くことができ、達成感が半端なかった。チベット仏教寺院の美しさにハマる。

④ カルドゥン・ラツーリング

往復74km／半日
ロイヤルエンフィールドBULLET500

「3泊くらいでヌブラ・バレーツーリングに行ってくるね」と豪語したにもかかわらず、絶景すぎて前に進めず、20km地点で引き返してきた。ヒマラヤの景色に脳みそが溶けた。最高すぎ。

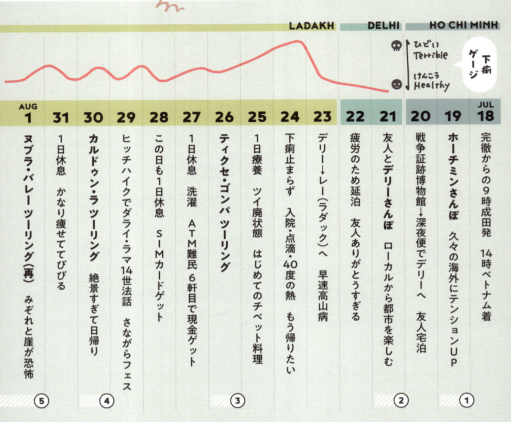

ツーリング TOTAL 12日間　総走行距離1,063km 無事故！

TOKYO　BANGKOK

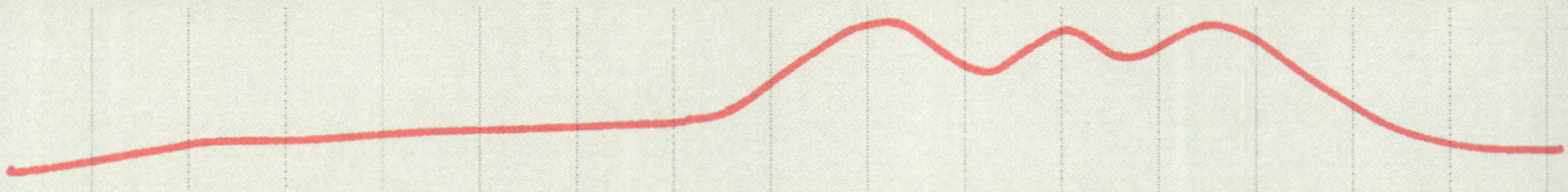

日	
2	ヌブラ2日目晴れ　ディスキット・ゴンパ美しい
3	北インド最果ての村トゥルトゥク　お宅訪問
4	下痢との戦い　カルドゥン（標高4000m）泊
5	2度目の高山病と下痢ながら峠を越えレー帰還
6	宿で会ったロシア人の青年とレー散歩　レー・パレスへ
7	下痢すぎ　高級ホテル（6000円）で療養
8	ツォ・モリリツーリングへ出発　ウプシで断念 ⑥
9	体力の限界めまいで動けず断念　涙のレー帰還
10	例の高級ホテルで療養　おみやげ購入
11	**ツォ・モリリラストチャレンジ**　ホームステイ ⑦
12	雨のオフロードツーリング　念願のツォ・モリリへ
13	丸一日かけてオフロードばかり230kmを走り帰還
14	ラダック最終日　おみやげ購入 散歩 お別れの挨拶 涙
15	朝4時半出発でレー→デリー→3時バンコク着
16	20時間のみ滞在　PCR検査 買い物 食べ歩き 23時発
17	7時半成田着→帰宅→出勤（在宅）松屋と銭湯に泣く

⑦ ツォ・モリリ ラストチャレンジ

往復440km／2泊3日
ロイヤルエンフィールド HIMALAYAN

再チャレンジ。晴れのツォ・モリリをひとり占めした朝を忘れない。雨のダートや川渡りばかりでオフロードレベルが100アップした。楽しかったなあ。

⑥ ツォ・モリリ ツーリング

往復100km／1泊2日
ロイヤルエンフィールド HIMALAYAN

下痢限界にて途中で撤退。野犬に吠えられてヒヤヒヤした。でも村人がやさしかったのでOK！

⑤ ヌブラ・バレー ツーリング（再）

往復409km／4泊5日
ロイヤルエンフィールド BULLET500

再チャレンジ。ひたすら渓谷だが一つとして同じ山はなく飽きない。ホテルの大学生や小学校の先生との交流に心が躍った。

プロローグ
人生に行きづまったので
インドのヒマラヤ「ラダック」でバイクに乗ろう
そう思いました
こんにちは はるかと いいます
旅とバイクとお絵描きが好きな会社員です
▶1988年生まれ180cm 旅当時は33歳
▶下町の食堂,銭湯,ひなびた温泉が好き
20歳で初海外のベトナム以来旅にハマり
インドやイラン中南米6か国キューバやモロッコなど20か国を旅した
現地の方と交流したりローカルにひたる旅が好き
バイクも好きで30歳直前にバイクを買い
ワァ!
6年間で北海道から九州ニュージーランドやドイツを走った
バイクで訪れた都道府県
▶2013年 免許取得 (一発試験6回目…!)
▶2018年 ~BMW F800S
▶2022年 ~BMW F800GS
夢は世界一周バイク旅!

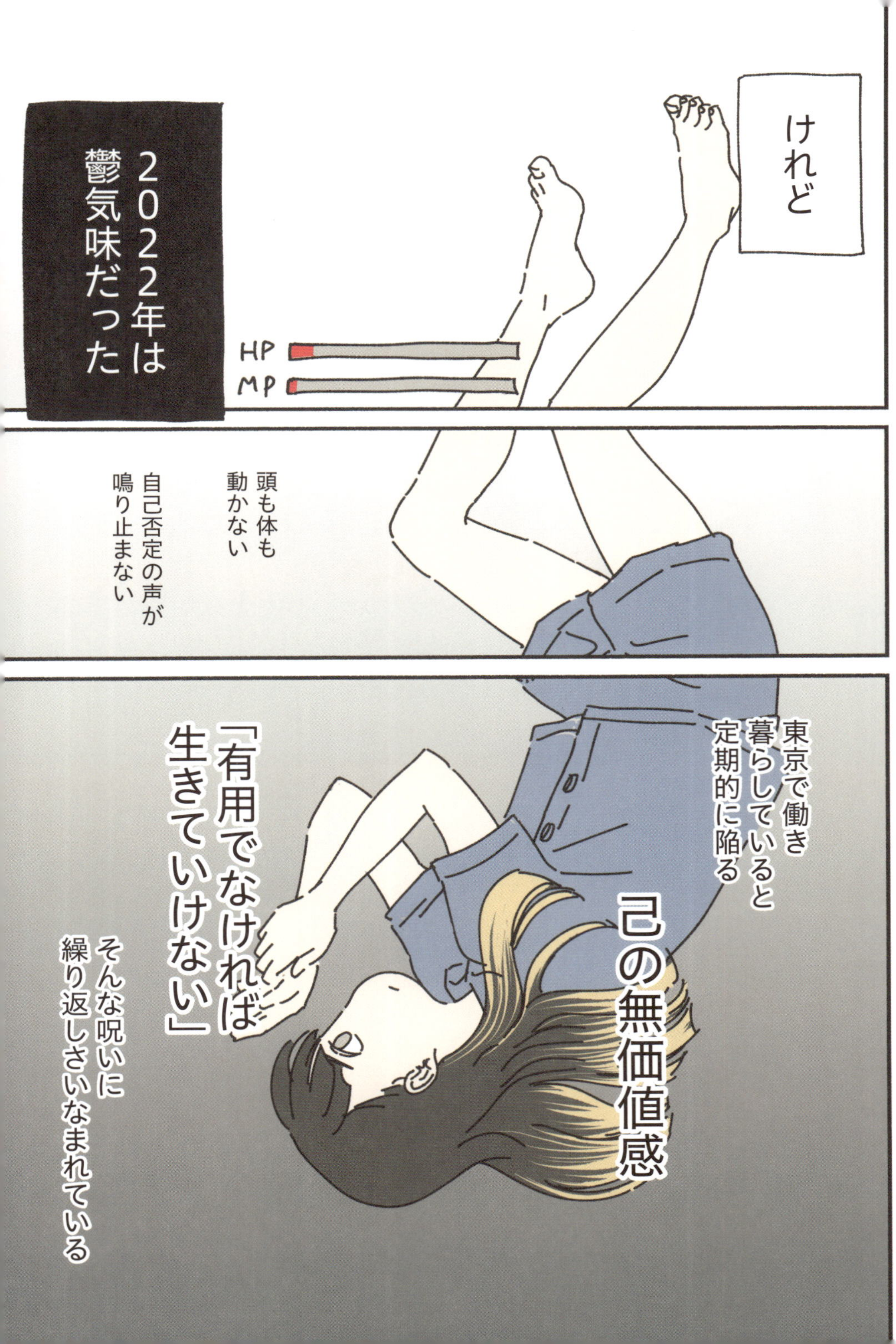
けれど
2022年は鬱気味だった
HP
MP
頭も体も動かない
自己否定の声が鳴り止まない
東京で働き暮らしていると定期的に陥る
己の無価値感
「有用でなければ生きていけない」
そんな呪いに繰り返しさいなまれている

元から躁と鬱を
繰り返す体質ではあって
やります
できます
がんばります…
鬱
入社してすぐ
2年間休職したし
ちゃんと通院・服薬しているよ!
復職して8年
経つけれど
あアア
アああ
仕事ができなくて
落ち込んでばかり
評価も低い…
「メンタルヘルスに
向き合いたい」と
通信大学で心理学を
学び始めたけど
自分のことを
知ることができて
おもしろい!
・カウンセリング ・発達障害
・会社でもメンタルヘルスの仕事 etc.
心、よけいに
わからん〜〜
休職を研究した
卒業論文
卒業して燃え尽きて
この先どうしたらいいか
わからなくなった
そこに輪をかけて
コロナ禍である
世界、
これだけ…
5m
3m
2.93
仕事は
フルリモートに
ありがたいことだけど
狭い1Kの部屋でひとり
ひたすらパソコンと
話す毎日
関係性が薄いまま
仕事の出来だけを
評価される恐怖
上手に
しゃべらなきゃ…
ドッ
ドッ
ドッ
ドッ
打ち合わせのたびに
動機と吃音が
止まらなくなった

今までは
キャラと若さと
周囲のやさしさで
身長180センチでーす
飲み会幹事やりまーす
がんばってるねぇ!
なんとなく
誤魔化せていたけど
リモート生活になって
年次も上がって
えっと
あ、そ、それって
○○ってこと
ですかね
しーーーん
あっ
すみません
自分の「できなさ」が
際立ってきたなあ
おつかれさまですーッ!!
それでは
失礼しますー
パッ
フゥ〜〜〜
会議終了即卒倒ーーーッ!
ぼ!!
ふん
下半身は
パジャマのまま
会社が向いて
ないのかなあ
いや社会人
そのものが
向いてない
のかも
この先どうやって
生きていけば
いいんだろう
現実を
見たくなくて
ずっと寝てる
鬱

スイ…
スイ…
家を建てました！遊びにきてね
Company
に転職しました！
HAPPY 100 DAYS
00
ハァー……
三十路クライシス的思考…っ
みんな年相応の“何か”を手に入れて前に進んでる
ように見える…
みんな
若さ
スキル 経験値
キャリア、パートナー、
子ども、住まい
資産
etc.
etc.
“何か”
私
時間
私だけ人生停滞したまま
大好きなはずの絵や漫画も
SAUNDERS WATERFORD WHITE
描けなくなっちゃった
でも自分にはバイクで世界一周する夢があるって思ってた
叶えたら次に進める気がしてた
のに
コロナ禍だし
会社を辞める意気地もなくて
だって絶対再就職できないし
いつまでたっても言い訳ばかり
鬱

有用でなければ生きていけない
なんて人を価値や生産性で測るような考え方自体恐ろしいってわかってるけど
「いらない」と思われるのが
怖くて怖くてたまらない
息がしづらい
どこにも行けない
こんな人生投げ出したい
2022年
ようやく海外渡航が復活したものの
なかなか鬱から抜け出せずにいた
コロナ禍でも国内ツーリングはしてて
鬱
旅だけが息抜きだと思ってたけど
だんだん旅が楽しいのかわからなくなってきた
今年こそは海外旅行と思って夏休み1か月申請したのに…

私は本当に旅が好きなのだろうか
人とちがう旅をしてる「私」!!
ほとばしる!! 承認欲求〜〜☆
イェ〜〜イ
"旅が好きな自分"像にとらわれているだけでは?
世界一周したいとか言うけどさ…
ゴローン
ダッツツッサ
旅ですら楽しめなかったら
本当に何もなくなっちゃう…
そんな時心に浮かんだのが
WOOOO HOOOOO!!!
以前から憧れていたライダーの聖地「ラダック」だった
YouTubeで知りました
ラダックに行けば何か変わるかも…
現実逃避かもしれないけれど何かにすがりたい一心だった

7月
しばらく低空飛行したおかげで鬱の底は脱出(多分)
たくさん寝るis theベスト
よし行ってみるか
ラダックに
長旅ゆえ髪も切りました
そうと決まれば準備!!!
7月6日チケット購入
①2022/7/18 成田→ホーチミン (Vietjet Air)
②7/20 ホーチミン→デリー (Vietjet Air)
③8/16バンコク→成田 (zip air)
長めにトランジットしたい&後半の旅程を決めたくなかったのでバラバラに購入.
その分、割高になったが…
※出発日は7月18日
※全6枚中3枚のみ
コロナ禍の断捨離に狼狽
デイパック
バックパック
15か国旅した相棒
母のおさがり&思い出の品ゆえ、手放したことを後悔…
全て手放してもーた!!!
バッグど〜しよう!!!
しかもバイクにも乗る
わけで一体
どんな
2週間毎日登山用品の聖地神保町に通い続け
登山靴
10足近く試着してキャラバンのグランドキングGK84を購入!
オールレザー、おしゃれ 登山もバイクもいけろ!
他、リュック,登山服 充電器類
mont-bell, KANDAHAR, 石井スポーツに毎日通った
隙間時間に怒涛のラダックインプット
オフロード大丈夫かな
バイク借りられるかな
寒さ対策十分かな
パーミットとれるかな
1人でも平気かな
ルートは…
装備は…
タミオーニュース
ラダックの走り方①
バイクで走るラダックはどんな道?

出発当日AM2時（朝イチの電車に乗る）
永遠に閉まらないキャリーケース…
なぜか2つある三脚
ぜ…ぜんぜん入らん…ヤバイ…
さっき買ってきたモンベルのバッグ
なぜ………
ううっ　コロナ前はもっと手際よかったはずなのに…！
海外旅行赤ちゃんになってもうた!!
AM6時半
20kg超の荷物を抱えて全力ダッシュ（お決まり）
DASH!!
3年ぶりの国際線に
その身をねじ込んだ

真っ青な空に、五色の旗。
荒涼とした山々に息は切れ。
水と信仰が恵みをもたらす地。

そもそもラダックって？

インド最北部・ヒマラヤ山脈にある秘境。
チベット仏教文化圏で、ライダーの聖地です！

ラダックは、インド最北部、ヒマラヤ山脈の西端に位置し、標高は3,500mを超える。第二次世界大戦後にインドの一部となったことで、中国に占領されたチベット本土では弾圧によって失われつつある貴重な伝統文化が、ラダックでは変わらず継承される結果となった。長年閉ざされた地であったが、近年は人気急上昇中で、インド国内外から観光客が押し寄せる。まだ見ぬ雄大な景色と挑戦しがいのある道が、欧米をはじめ世界中のライダーの心を惹きつけている。

ラダックの基本情報

国名：インド共和国／Republic of India
正式名称：ラダック連邦直轄領
Union Territory of Ladakh
中心都市：レー／Leh
人口：29万人（2020年）
標高：2,550～7,742m
日本との時差：－3.5時間

ラダックへの行き方

▶空路
インドの首都デリーからラダックの中心都市レーまでは、飛行機で1時間ほど。東京からデリーは飛行機で9時間ほどなので、意外とあっという間に着く。

▶陸路
積雪のない夏は陸路でも可。インド北部のマナリから車で17～20時間ほど。

▶ビザ
インド入国のためにビザが必要。最新情報を調べて準備を。

高山と軍事停戦ラインに囲まれた陸の孤島

ラダックは現地の言葉で「峠を越えて」という意味で、その名のとおり、標高4000〜5000mにも達する峠を越えなければ行き来できない場所にある。ラダック旅の拠点となる中心都市レーの標高は3500mを超え、飛行機で到着するといきなり富士山頂と同じ程度の酸素濃度しかない大気になるため、高山病対策は必須だ。

冬はマイナス20度以下になるほど寒く、デリーなどとの間を結ぶ航空機の運航が始まるまでは、冬は陸の孤島状態だった。西のパキスタン、東の中国との国境は係争中で、軍事的にも重要な地域だ。そのため、多数のインド軍が駐留している。

インド他地域とは異なる独自の文化と歴史

ラダックはインドの他地域とは異なり、チベット系民族のラダック人が多数派だ。多くはチベット仏教を信仰し、チベット本土と共通する文化を数多く持っている。

この地域一帯は、9世紀から19世紀までラダック王国という独立した仏教王国が築かれ、多数のチベット仏教僧院が建てられた。

第二次世界大戦を経て、ラダックは隣国中国ではなくインドに編入されたため、中国のチベット弾圧の影響を受けずに済んだ。

チベット本土では文化大革命により僧院や文化が破壊されたため、チベット文化や僧院を数多く残すラダックは貴重な地域となった。これらの歴史と厳しい自然、1974年までは外国人の入境が許されないなど閉ざされた環境にあったことから、独自の文化や風習が残っている。

実際にラダックを旅してみると、ヒマラヤの雄大な自然と、神秘的な文化、厳しい自然と共に生きる人々の暮らしが織り交ざり、唯一無二の地だと実感した。

一方で近年、ラダックは人気が高まり、外国人観光客やインド人観光客でにぎわう。ホテルや道路がものすごい勢いで造られ、移住者や出稼ぎの労働者、リモートワーカーも多く、思ったより観光地化されている印象だった。

急激な近代化に伴い、「秘境」の姿は変わりつつあるという。経済格差の拡大や自然環境の消耗なども課題だそうだ。

バイク旅もこの問題に影響するような行為なのだが、せめてラダックの自然や人々に敬意を持ち、節度ある旅行をするようにしたい。

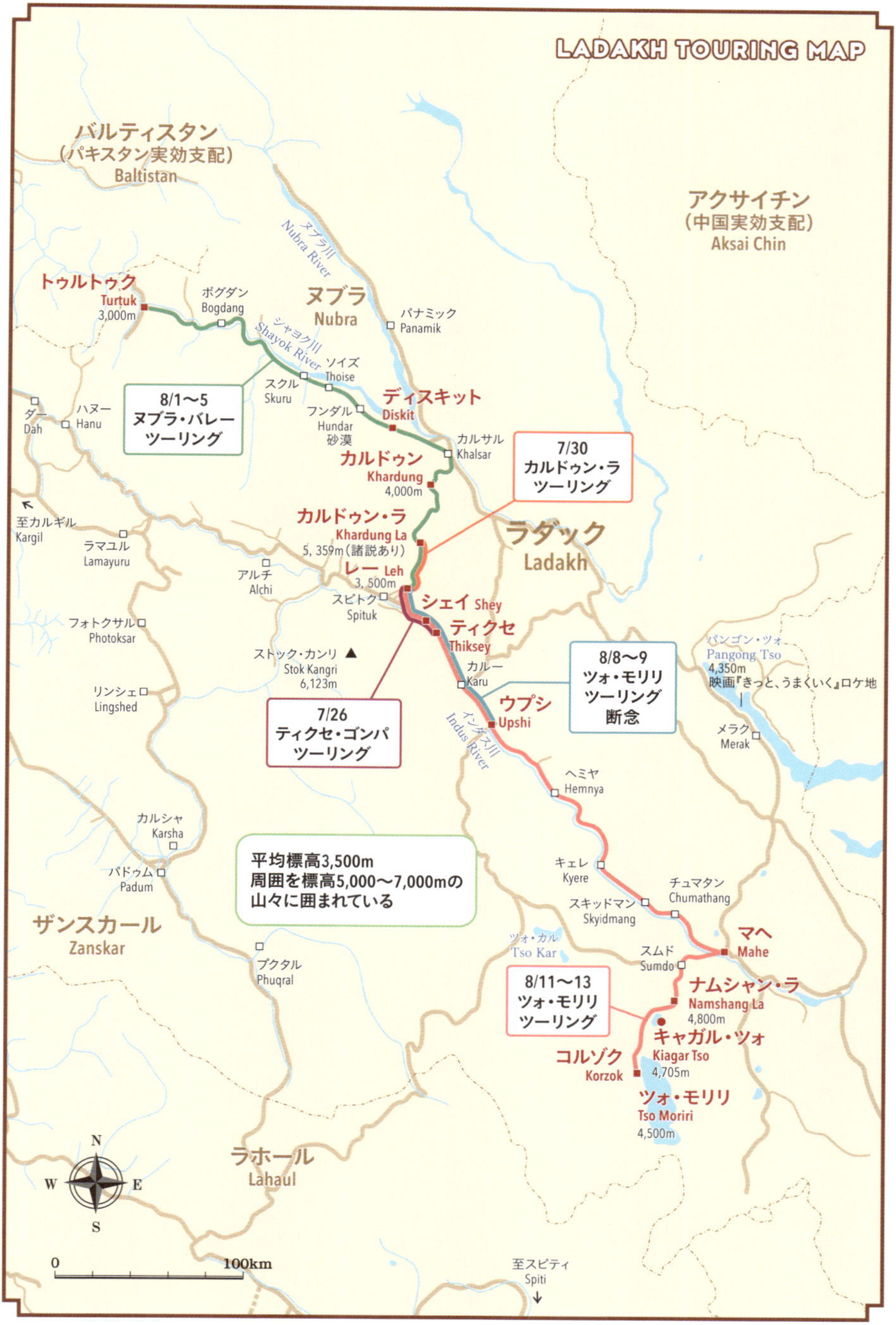
LADAKH TOURING MAP
バルティスタン
（パキスタン実効支配）
Baltistan
アクサイチン
（中国実効支配）
Aksai Chin
ヌブラ川
Nubra River
トゥルトゥク
Turtuk
3,000m
ボグダン
Bogdang
ヌブラ
Nubra
パナミック
Panamik
シャヨク川
Shayok River
ソイズ
Thoise
スクル
Skuru
8/1〜5
ヌブラ・バレー
ツーリング
ディスキット
Diskit
フンダル
Hundar
砂漠
ダー
Dah
ハヌー
Hanu
カルサル
Khalsar
7/30
カルドゥン・ラ
ツーリング
カルドゥン
Khardung
4,000m
至カルギル
Kargil
カルドゥン・ラ
Khardung La
5, 359m（諸説あり）
ラダック
Ladakh
ラマユル
Lamayuru
アルチ
Alchi
レー Leh
3, 500m
スピトク
Spituk
シェイ Shey
ティクセ
Thiksey
フォトクサル
Photoksar
ストック・カンリ
Stok Kangri
6,123m
カルー
Karu
8/8〜9
ツォ・モリリ
ツーリング
断念
パンゴン・ツォ
Pangong Tso
4,350m
映画『きっと、うまくいく』ロケ地
リンシェ
Lingshed
ウプシ
Upshi
7/26
ティクセ・ゴンパ
ツーリング
インダス川
Indus River
メラク
Merak
ヘミヤ
Hemnya
カルシャ
Karsha
パドゥム
Padum
平均標高3,500m
周囲を標高5,000〜7,000mの
山々に囲まれている
キェレ
Kyere
チュマタン
Chumathang
スキッドマン
Skyidmang
ザンスカール
Zanskar
ツォ・カル
Tso Kar
マへ
Mahe
スムド
Sumdo
プクタル
Phuqral
8/11〜13
ツォ・モリリ
ツーリング
ナムシャン・ラ
Namshang La
4,800m
キャガル・ツォ
Kiagar Tso
4,705m
コルゾク
Korzok
ツォ・モリリ
Tso Moriri
4,500m
N
W
E
S
ラホール
Lahaul
0
100km
至スピティ
Spiti

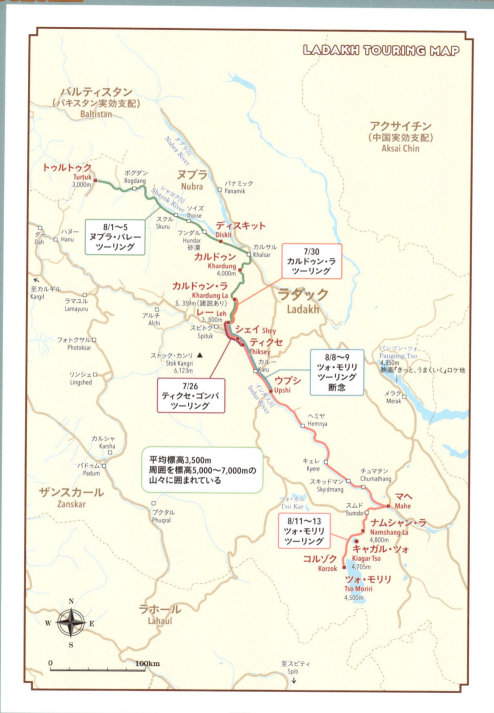

旅 STYLE 1

ONE MONTH SUMMER VACATION

バッグの使い方編

選ぶポイントは…

☑ラダックをバイクで走る ☑ベトナム・タイにも寄る

☑0℃～30℃ ☑街歩きもしたい ☑トレッキングも

☑LCC移動 ☑手荷物7kg ☑預け荷物20kg

バックパック

用途 メイン、プチ旅

メーカー 容量 MYSTERY RANCH FRONT 19ℓ

新しい旅の相棒！　2か月悩み続けてついに見つけた。「かっこいい（大事）」「丈夫」「多少の雨はOK」「これ一つで登山も数日の旅行もOKな大きさ」の条件を満たす万能リュック。廃盤モデルをメルカリで購入。中身はPC類、カメラ類、筆記用具、薬類半分、メイク用品、傘や水。

ボストンバッグ

用途 ツーリング、メット入れ

メーカー 容量 mont-bell ロールアップドライダッフル M 40ℓ

Amazonで60ℓのバイク用ボストンを2種類購入したが、大きすぎ＆重くて断念。これはとにかく軽くて、4泊5日のツーリングでも十分な大きさ。柔らかいので積載の工夫は必要。出発前夜の21時閉店間際にモンベルにて購入。移動時はヘルメット入れ。預け荷物2つ目ゆえLCCだと超過料金。

キャリーケース

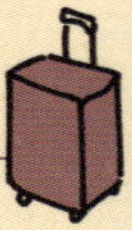

用途 衣類その他

メーカー 容量 Amazonにて 70ℓくらい

2019年ニュージーランドツーリングでも2017年ドイツツーリングでも活躍した、お手頃キャリーケース。ファスナーを開けることで拡張でき帰国時に大活躍。中身は衣類や防寒着、おみやげ類、アメニティ、充電器類。

移動＆飛行機 STYLE

カメラ類や小さなバッグは身につければ手荷物重量ノーカウント！　バイク装備も重いので着込むべし。プロテクター類が手荷物検査で必ず引っかかるけど。

チェックイン後はそっこーでリラックスウェアに着替えよう。機内は冷えるので靴下も必須。街歩きやシャワーの時はサブシューズとしてサンダルが活躍するよ。

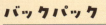

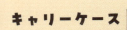

デイパック

mont-bell
ポケッタブル
ライトパック 10ℓ

最高。メインのバックパックと別で買ってよかった。街歩き時やツーリング時のサブバッグとして大活躍！　ラブ。すぐに取り出したい食料品や日焼け止め、雨具、カメラ周辺機器など。おりたためる。

ツーリング時のボストンバッグには着替え、タオル、化粧品、アメニティ、水、三脚、食料品、薬類など。

靴はバイク・登山兼用のため硬めの登山靴。10足ほど試着して、キャラバンのグランドキングGK84に決定！　インドで大人気で、3回もメーカー名を聞かれるほどだった。

ツーリング STYLE

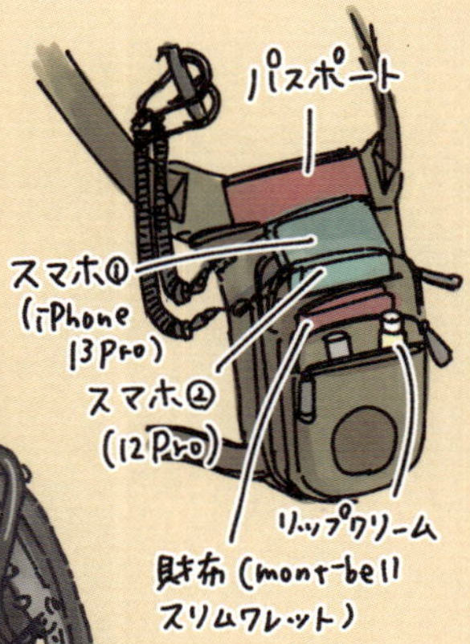

レッグ ホルスター

レッグホルスターはいいぞ。肩疲れない。貴重品を比較的安全に持ち運べる。スマホや財布をすぐに取り出せる。最高。盗難・落下防止のため、スマホはスパイラルコードとカラビナでベルトループなどに取り付けるべし。

大抵の宿では荷物を預かってくれる。ラダックではレーで宿をとり、ツーリング時はこれらの荷物を預けていた。

街歩き STYLE

ミニショルダーバッグ

街歩き時に大活躍するのが両手ぶらになれる系バッグ。10年近くの相棒であるManhattan Portageのショルダーバッグは、イラストレーター篠崎理一郎さんの直筆イラストがとてもお気に入り。ほか、レッグホルスターのみで散歩したり、買い物などする際はデイパックを足したり、エコバッグ（TICKET TO THE MOON のやつ、超おすすめ）を活用したりしていた。

まだある！

ラダックお役立ち情報

気候とシーズン

平均標高が3,500mを超えるラダックは、夏は日差しが強く、最高気温は30度に達することもあるが、冬の最低気温はマイナス20度を下回ることも。極端に乾燥しており、保湿と日焼け対策は欠かせない。観光向きなのは5月から9月で、ベストシーズンは夏。ただし、夏でも夜は冷え込むので、幅広い気温に対応できる服装を。一方、気候変動の影響で、短時間で局地的な大雨に見舞われることも少なくない。

・・◆・・

民族と宗教

多くがチベット系民族のラダック人で、主にチベット仏教を信仰しているが、西部のカルギル付近ではイスラーム教徒も多い。少数だがキリスト教徒やヒンドゥー教徒、スィク教徒もいる。亡命チベット人が暮らすコロニーもある。

・・◆・・

言語

ラダック人の言語は、チベット語の方言であるラダック語。「ジュレー」という挨拶がよく交わされている（ラダック語でこんにちは・さようなら・ありがとうを表す便利語）。英語を話す人も多く、辺境の村でも英語でコミュニケーションをとることができた。

産業

伝統的なのは農業と牧畜。厳しい気候だが、大麦や小麦、豆や根菜類を育てる。標高の低い地域ではあんずやりんごなども栽培される。牛やヤク、ゾ（牛とヤクの雑種）、馬、ロバ、ヤギ、羊が大切に育てられており、荷役や農作業、食料、衣類に活用される。近年は観光業や、道路などの開発業に就く人も多い。インド軍が多数駐留しているため、軍関連の仕事をする人も少なくない。

・・◆・・

食事

モモ（チベット風の蒸し餃子、ラダック語ではモクモク）やトゥクパ（煮込み料理）などのチベット料理が主流だが、インド本土からの影響で、米飯にダール（豆カレー）やサブジ（野菜カレー）などをかけて食べる食習慣も一般的になった。

・・◆・・

治安

中南米や中東など、20か国ほどひとり旅をしてきた私の感覚では、領土問題があるにもかかわらず、かなり治安はよいと感じた。平和な雰囲気に惹かれてインド各地やネパールから移住してきた人にも会った。ただし、くれぐれも自衛を。慌てて泊まった郊外の宿で主人に言い寄られるなど、怖い思いをしなかったわけではない。また、情勢によっては一気に渡航危険レベルが上がる可能性もある。

インターネット

2024年現在、携帯電話の電波の繋がる地域は急速に増えているが不安定。インドの他地域で購入したプリペイドSIMは使えないため、レーのお店でSIMを買う必要があるが、最新情報を確認しよう。

・・◆・・

ドローン

SNSにラダックの空撮が載っていることがあるが、ラダックは軍事的な緊張が続いている地域なので、ドローンはほぼ使用禁止。私は代わりに360度カメラを用いて、第三者視点的な映像を撮影した。

・・◆・・

高山病対策

ラダックは富士山と同じくらいかそれ以上に標高が高いため、個人差はあれど対策は必須。重度の場合は、病院で酸素吸入なども受けられるが、すみやかに高度を下げた方がよい。対策として、到着してから2、3日は安静に過ごすこと。水分を多めに摂って新陳代謝を促すこと。深呼吸すること。入境前日によく寝ること。少しずつ高度を上げること。飲酒や喫煙を避けること。事前にトラベルクリニックなどでダイアモックス（高山病予防に効果がある薬）を処方してもらい、レー入境前日から服用するのも手だ。レーの薬局でも売っている。

ここまで読んだ方はラダックに行きたくなったはずだ。
今すぐ航空券を取ってください。私もまた行きたいです。

CHAPTER

1

ONE MONTH SUMMER VACATION

TOURING

LADAKH

ONE MONTH SUMMER VACATION

はじめての
ラダックツーリング

久しぶりの海外旅行

10年以上ぶりの国！！
インド・デリーで3泊
3年半ぶりの海外！
ベトナム・ホーチミンで2泊
異国！異文化！新鮮！自由！解放感！ときめき！ワクワク！ドキドキ！
た！の！
っし～～～！！
よかったねぇ～
デリーを案内してくれたインド駐在中の友人 ありがとう!!
いよいよ…ここからは未踏の地だ…
ゴオオ～～
日本を出発してから6日目
いよいよデリーからラダックへ
いつまでラダックにいるか決めてなくて～
私も～！
絵を描くのが好きなの
ワーすてき!!
隣の席のインド人女性とおしゃべり
あむ
ダイアモックス
(高山病予防に効果のある薬)
ラダックでも安く買えるけど、事前に服薬した方が効果が高いそうなので日本で処方してもらったよ。

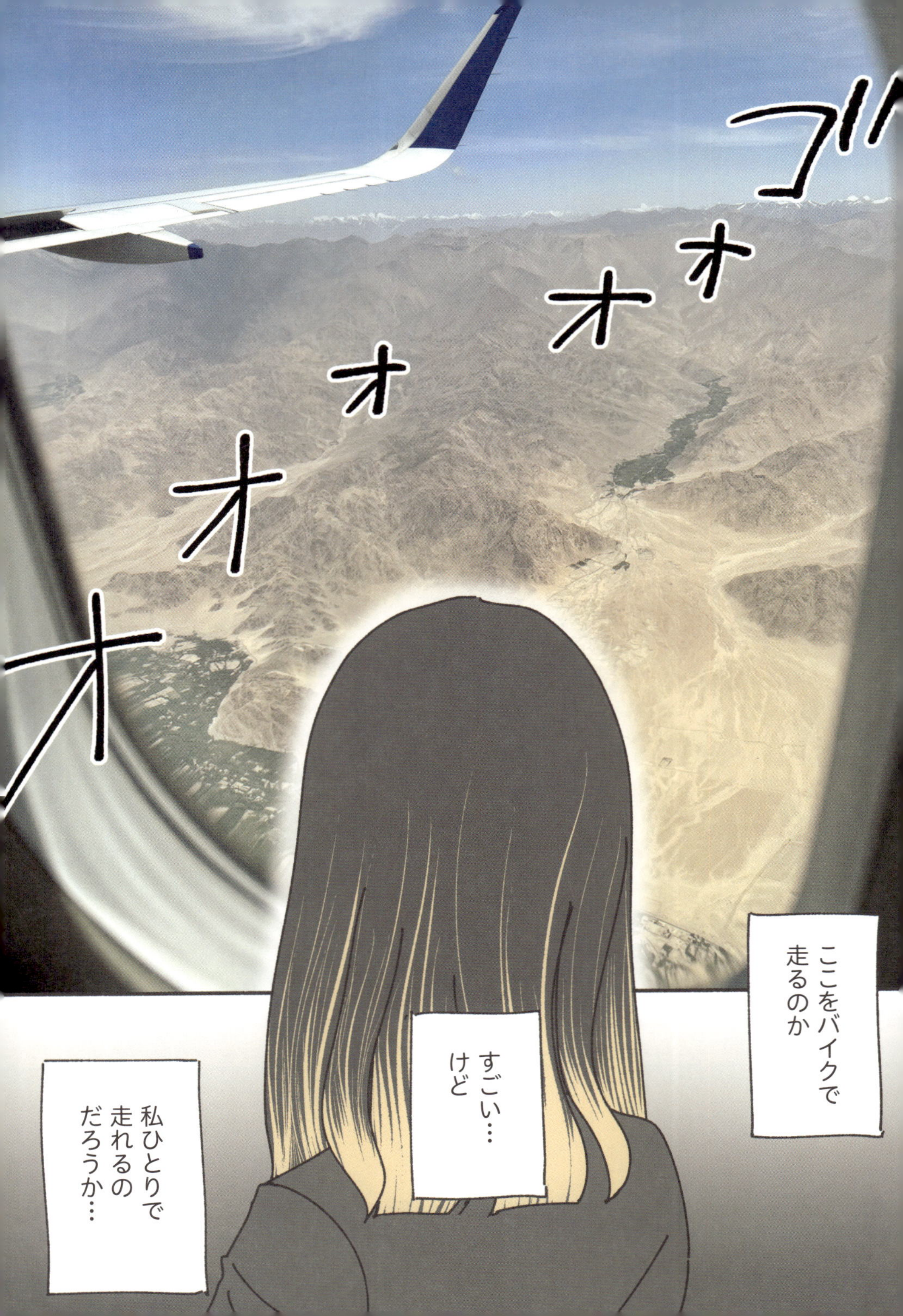
ゴオオオオオ
ここをバイクで走るのか
すごい…けど
私ひとりで走れるのだろうか…

ラダックの洗礼

11時にデリーを発ち
12時半にレー空港に着いた
いよいよ…
夢の地へ…
「まぶしいな」
「思ったより暑いな」
「息切れるな」
が降り立った時の
感想だ
レー空港（ラダック）標高3,500m超
ブロロロロロ
ロ
13時半
常宿となるホステル
Happy Drifters着
（2024年時点は営業していません）
機内でダイアモックスも飲んだし
平気かと思ったけど
息があがる
だんだんと
気持ち悪くなってきた
おなかも痛い
気がする…
デリーの屋台飯の
せい？？
ペットボトルの
水もなくなり
そうだ…
でも歩けん…
宿に売ってる
かなぁ…

※正確には水道水ではなく、給水車の水をフィルターに通した水と思われる。by 山本高樹さん

※どうやら2022年は異常気象で、暑かったり雨が続いたりした。

バタタ
ジャー
バタ
ジャー
バタ
ジャー
シーー…ン
ううう
あああ
寝られん…
気持ち悪いのは
若干落ち着いたけど
下痢止まらん…
内臓ごと
剥がれ落ちそうだ…
超絶乾燥で
喉痛いし…
測ってないけど
熱もある…
高山病だろうか…
家のベッドで
寝たい…
スポドリ
飲みたい
時が永遠すぎる…
暑すぎだし…
でもおなかは
冷やさないように…
全身痛すぎる

翌日 ひたすらこの景色
※ツイ廃にしかなれない…
はるか 2022/07/24
一晩明けたけど高山病つらぁい…ベッドから動けない
(倦怠感、腹下し、喉の痛み、全身疼痛)
はるか
モリモリ歩いてモリモリ食べてた一昨日までの私はどこへ
#1month夏休み
はるか 2022/07/24
富士山でもボリビアのラパスでも高熱嘔吐したくらいだからな…致し方なし
n回目のトイレ
ジャー
以後、ラダックで命をつなぐ食べ物となる
宿のスープとチャイありがたすぎる
しょうがもたっぷりでおいしい!!
けど食べてもすぐ全部出ちゃうんだよな…
ピロン
ん??
なんと
山本高樹さん ラダックの本を多数出版されている方
Days in Ladakh
@ymtk_ladakh
高山病は基本的に頭痛と吐き気で、き
つい場合は眠ることができないので、
息苦しくなくて眠れるようなら高山病
としては問題ないです。喉の痛みや
痛は風邪か水当たりか食あたりの可
性があります。いずれにせよ回復
い場合はなるはやで病院に連れて
てもらうのをおすすめします。
ありがたや…
さあ！
び 病院に行きたいのでタクシー呼んでもらえませんか…
OK!!
病院へGO!!!
宿のみなさん、めっちゃ心配&看病してくれました…！

※ジュレー＝ラダック語の「こんにちは」「ありがとう」など、万能語
16時半
宿に手配してもらった
タクシーが到着
ジュレ〜!!
ブ
きちィ
水も買ってもらった ありがたや…
10分ほどで
病院に到着
S.N.M HOSPITAL, LEH
万が一コロナ
だったら
困るなあ…
脱水・
低血糖による
倦怠感が
凄まじい
受付も立ち会ってもらった。ちなみに受付10ルピー（17円）
ゼェ
ゼェ
ゼェ
加えて
うっすい酸素
呼び出しまでの
20分間が
永遠に
感じられた
YOU！

※病院ではマスク必須でしたが、省略しています。

※ラダックお役立ち英語！ 高山病：Altitude sickness (あるてぃてゅーど しっくねす) 下痢：Diarrhea (だいありーあ)

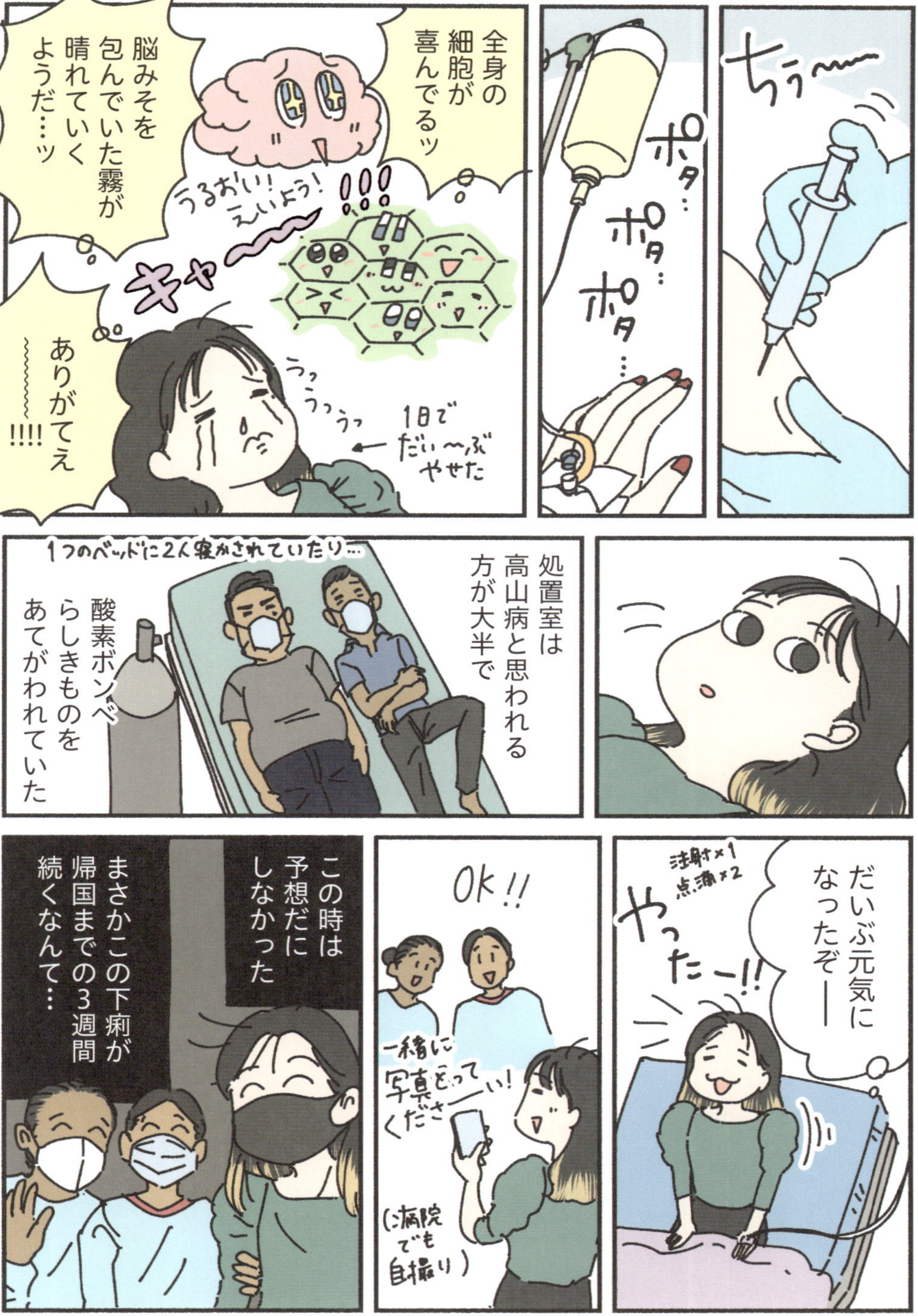
ちぅ〜〜
ポタ…
ポタ…
ポタ…
全身の細胞が喜んでるッ
脳みそを包んでいた霧が晴れていくようだ…ッ
うるおい! えいよう!
!!!!
キャ〜〜〜
ありがてぇ〜〜〜!!!!
うっうっうっ
1日でだい〜ぶやせた
処置室は高山病と思われる方が大半で
酸素ボンベらしきものをあてがわれていた
1つのベッドに2人寝かされていたり…
だいぶ元気になったぞ――
注射×1 点滴×2
やったー!!
OK!!
一緒に写真とってくださーい!
(病院でも自撮り)
この時は予想だにしなかった
まさかこの下痢が帰国までの3週間続くなんて…

はじめての海外入院日記

当時18か国程度の海外渡航歴があったが、
病院は初（2度目だったかな…前回もインドだった気が）。
「はじめての体験」に少しドキドキした。

SNMホスピタル
（Sonam Norboo Memorial Hospital）

スムーズに診察・点滴をしてくれた。高山病や腹痛の診察程度であれば、外国人でも無料。ありがたくて泣きそうになった。高山病が重い場合は酸素吸入も受けられる。24時間対応の救急もあった。

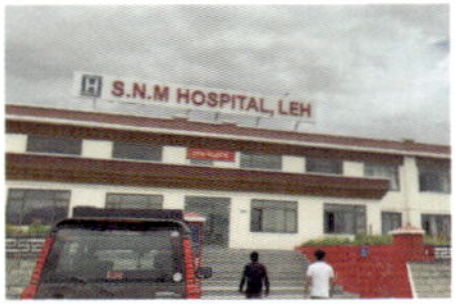

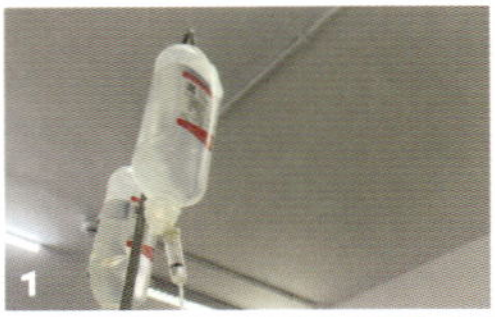

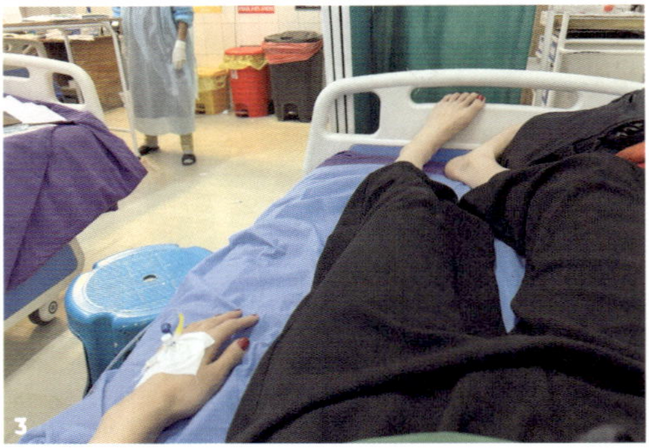

1：点滴と注射のおかげで一時的に回復（直後の下痢で元の木阿弥）。2：薬は薬局処方で500ルピー（850円ほど）。下痢止め、咳止め、抗生剤か。3：たぶん一晩で2kgくらい痩せた。げっそり。

海外旅行保険：今回は運よく医療費がほぼかからなかったが、ラダックは高山病や怪我のリスクが高いので、海外旅行保険は必須。クレジットカード付帯保険では補償金額や対象範囲が足りない場合があるので、海外旅行保険に加入した方がよい。

まさかの体温103度

宿に戻った後、高熱に。宿で借りた体温計によると100度超え…？　いや、華氏表示なので実際は摂氏39.9度。て、普通につらい。下痢に伴う発熱？　コロナ？　全身熱いし痛いし、空気薄いし、乾燥で喉も痛いし、心細いし。さすがに家に帰りたくなった。スープと水と持参したアメにすがりつつ、スポドリの粉を持ってこなかったことを激しく後悔。翌朝、平熱に。

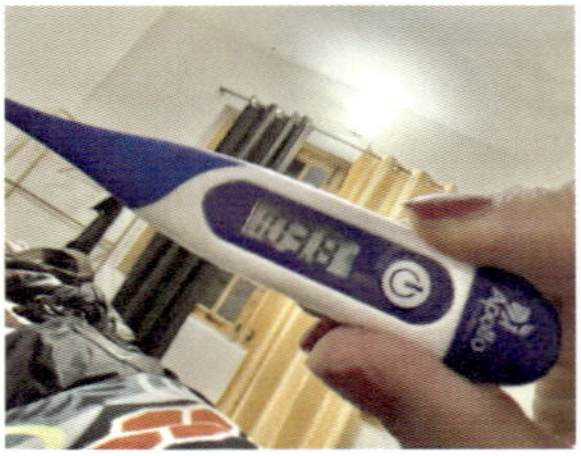

いざ、バイクレンタル

7月26日。ラダックに着いて丸3日経ってしまった。そろそろさすがにバイク乗らないとやばいな。ということで目に留まったレンタルバイク屋さんを訪ね、お試しツーリングを敢行することに。果たして…？

いきなりバイク実技試験

7月26日／ラダック4日目

下痢ゲージ

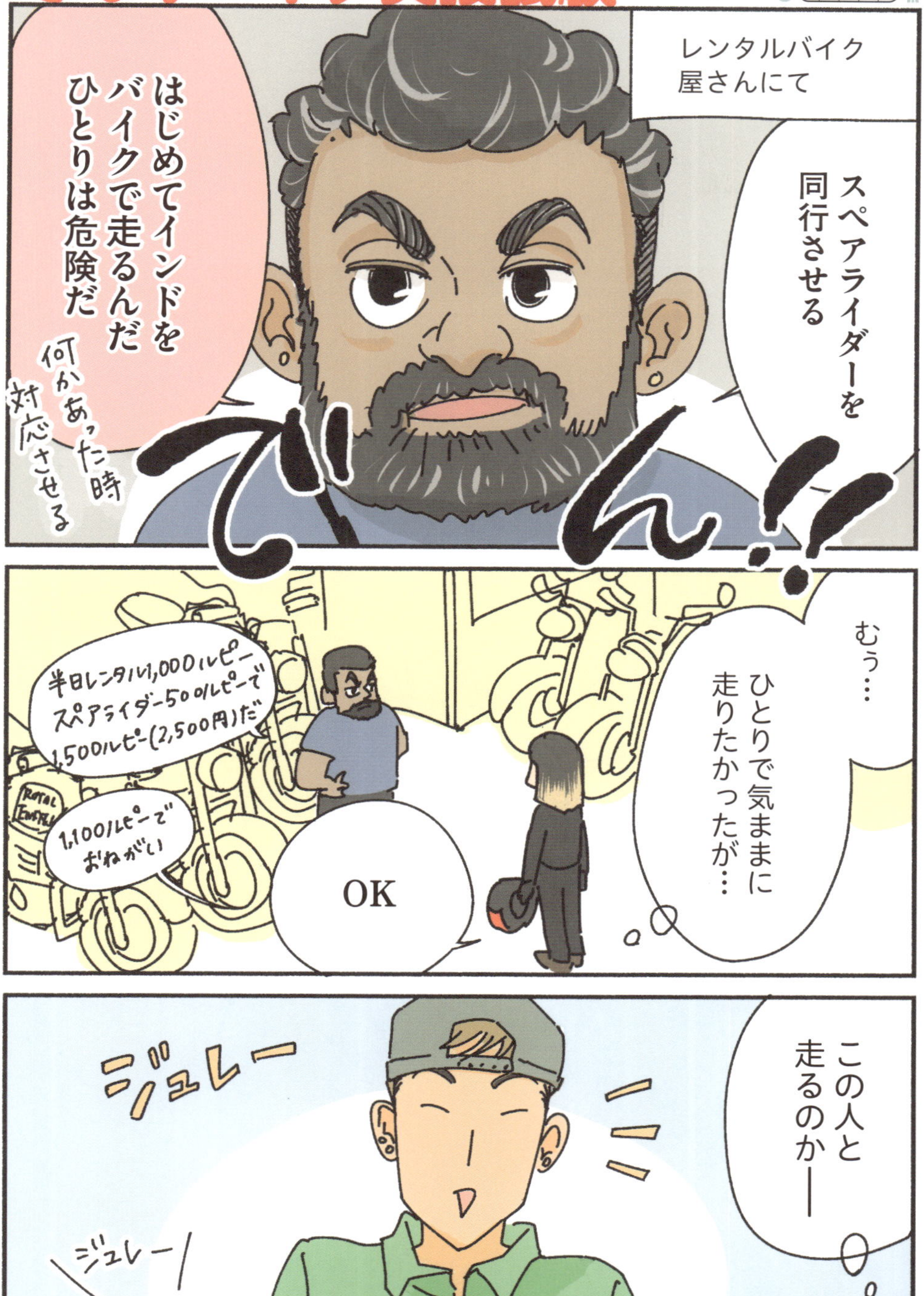

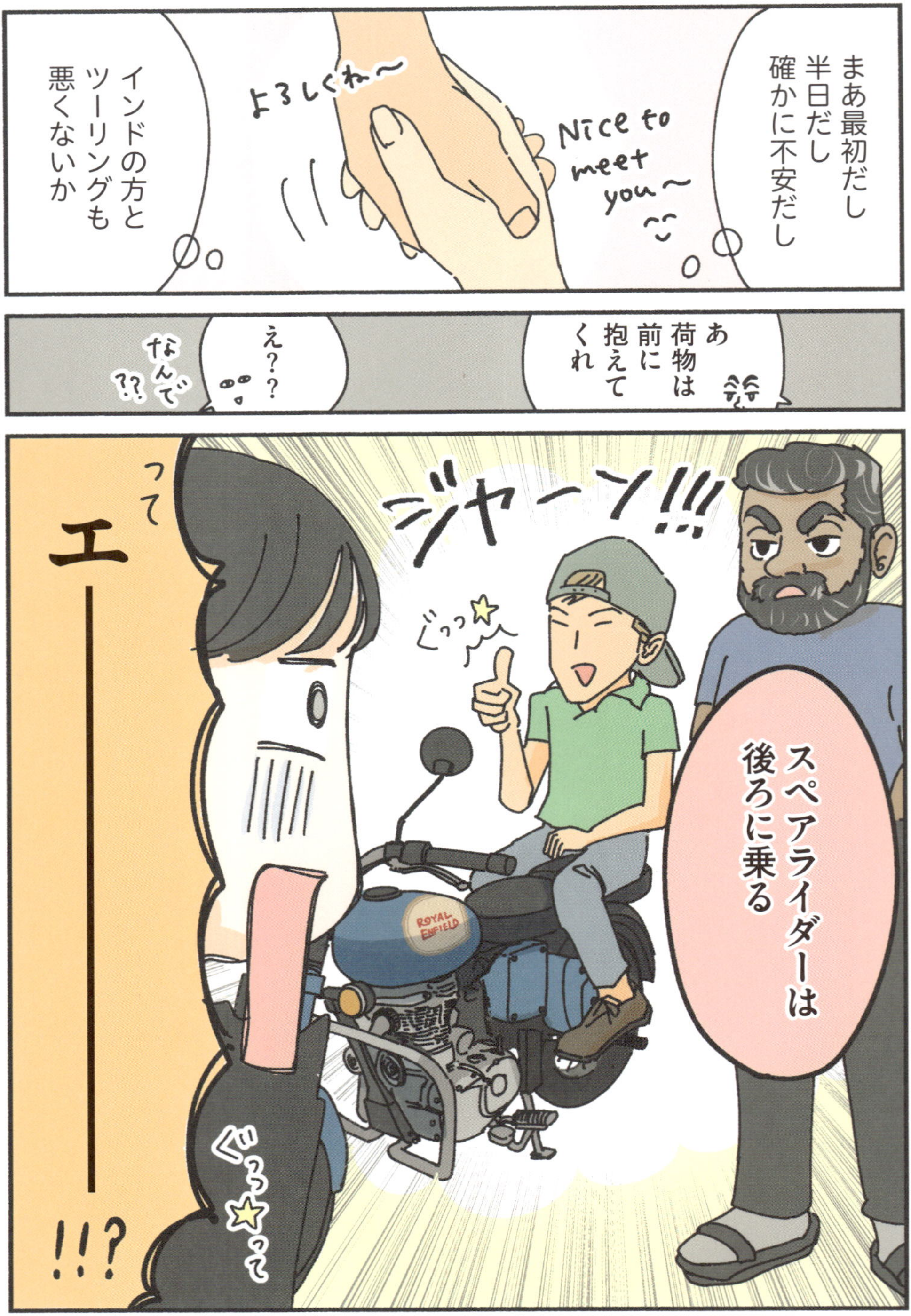
まあ最初だし
半日だし
確かに不安だし
Nice to meet you～
よろしくね～
インドの方と
ツーリングも
悪くないか
あ
荷物は
前に
抱えて
くれ
え？？
なんで？？
ジャーン!!!
ぐっっ☆
ROYAL ENFIELD
スペアライダーは
後ろに乗る
って
エーーー!!?
ぐっっ☆って

いやむしろ逆に危険では!?
はじめて乗るバイクで2ケツ!!?
WHAT!!?
NO WAY!!
てっきり2台で行くのかと
NO WAY
WHY Yyy?!
2台なら2台分のレンタル料が必要だ
トータル2,500ルピーだ
エ――!!!?
公道では他人を傷つけるリスクもあるんだぞ?
ずい
ごもっともですが…
本当に平気なのか?
責任とれるのか?
まあでも…最後は君が決めたまえ
It's up to you
ハァ――ン
う――ん
いいでしょう――
Ok, I see… so…

ご覧にいれてみせましょう
It's Show time!!
(?)
私《わたくし》の華麗なる走行技術《ライディングテクニック》を――!!!!
お手並み拝見
ホ
一発試験より緊張する
実技試験開幕――!!

※ほかのラダックツーリング経験者に聞いたところ“試された”経験はないとのこと。「インドを走るのがはじめて」「女性ひとり（超珍しい）」だったため、店側も不安だったのだろう。結局次回以降は別店（P68）でレンタルしたが、ここで試乗したおかげで以後スムーズにレンタルできたので、感謝している。

ROYAL ENFIELD IN LADAKH, INDIA RENTAL MOTORCYCLE'S COLLECTION

私がラダックで乗ったバイクたち

ラダックに滞在した3週間、計12日間のツーリングで、3種類のバイクをレンタルした。念願のロイヤルエンフィールドのバイクに本場で乗ることができ感無量だった。好きなバイクを乗り比べできるのは、レンタルバイクツーリングの楽しみ方の一つといえるだろう。

ROYAL ENFIELD
ロイヤルエンフィールド

現存する中で、世界で最も古いオートバイブランド。イギリス発祥で現在はインドのブランドだ。日本だとちょっと珍しい外車という感じで、おしゃれな人やこだわりのある人が乗っているイメージ。インドではそこかしこを走っていて、眼福だった。

1
ROYAL ENFIELD CLASSIC350

CHAPTER1　7/26　ティクセ・ゴンパ ツーリング

インドではじめて借りたバイク。日本で乗ってきたバイク（スポーツ系やアドベンチャー系）との乗車姿勢の違いや重厚なエンジン音が、新鮮だった。一軒目のレンタルバイク店で500ccのバイクを借りようとしたら、女性ひとりなら十分だからと350ccのこちらをすすめられて困惑。けれど、こっくりとしたブルーがかわいいバイクに乗れたので、結果オーライ。

2 ROYAL ENFIELD BULLET500

CHAPTER2　7/30　カルドゥン・ラ ツーリング
8/1〜5　ヌブラ・バレー ツーリング

決死のヌブラ・バレー ツーリングを共にしたバイク。いやあもう大大大満足です。レトロクラシカルで旅情あふれるバイクに乗ってみたかったんですよ…。『キノの旅』みたいなさ…。どこから撮っても絵になる。乗り心地も、リズミカルな重低音も最高。こんなにかわいい見た目で標高5,300m超の峠もオフロードもOK。革ジャン革ブーツという好きなスタイルにもぴったり。愛車のF800GSも大好きですけどね。帰国後に2台目としてお迎えしようか真剣に悩んだし、今も悩んでる。

3
ROYAL ENFIELD HIMALAYAN

CHAPTER3＆4　8/8〜9、11〜13　ツォ・モリリ ツーリング

「ヒマラヤ」と読む。さすがオフロードバイク！　ツォ・モリリ ツーリングはガレ道が多かったので、ヒマラヤで行って大正解。BULLET500ではやや振動がキツかった道でも軽快だった。軽いのに411ccとパワーもある。標高5,000m近い山岳地帯も、川渡りも、元気に走ってくれた。帰国後、1週間ほどレンタルして能登半島を走ったが、細い道も気軽に走れて楽しかった。よりアドベンチャータイプの452ccの新型ヒマラヤも発売されたらしい。ヒマラヤ欲しいなあ…！

ラダックでバイクをレンタルするには？

レーの街はバイク（ロイヤルエンフィールド）乗りであふれているぞ！

Q 予約して行った方がいい？

A 珍しい車種を望んでいるのでなければ、現地で実車を見て整備状態を確認して選んだ方がよい。直接なら価格交渉もできるし、大概割引いてくれる。レーには所狭しとレンタルバイク店が軒を連ねているので、ハイシーズンでも車両がなくなることはないだろう（多分）。

Q おすすめのレンタルバイク屋さんは？

A WILD HIMALAYA Tours & Travels。実は初日以降店を替え2店舗目なのだが、これが大正解。バイクの整備状態もよく、お店の方もとても親切で頼れる。宿Happy Driftersの提携店で、場所もすぐ隣だ。Google Mapでは出てこなかったので、直接代表のAyasのInstagram @ayazlehへどうぞ。

WILD HIMALAYA Tours & Travelsの気のいいお兄さんたちがしっかり整備＆フォローしてくれるぞ！

Q 何があればバイクレンタルできるの？

A 日本の自動二輪免許、国際免許、パスポート、現金。国際免許は運転免許センターで2,350円で15分くらいで取れた。ヘルメットやジャケットも借りられることが多いが、割と過酷なツーリングになるので、使い慣れたアイテムを持参した方がよいだろう。

Q いくらくらい？

A 1日2,000円程度で借りられた。日本や欧米と比較するとかなりリーズナブル。私が借りた時は、CLASSIC350が半日800ルピー（1,400円くらい）、BULLET500が1日1,500ルピー(2,500円くらい)、HIMALAYANはもう少し高いくらい。すべて定価より少し安くしてもらっている。長く借りると割引交渉もしやすい。

Q 注意点は？

A レンタル前に、エンジンがちゃんとかかるか、不具合はないか、必ず実車確認を。試し乗りも◎。写真を撮りつつ傷の確認もしよう。お店の人におすすめルートを聞いたり、スクーターで気軽に走ったりするのもおすすめ。

カオスすぎる運転デビュー

※1速…低速時のギアポジション。

高標高地帯ゆえの
真っ青な空
真正面(!?)に
追い越し車
遠方に牛
ドッ
対向車に
ドでかい
トラック
右手前に
追い越しバイク
トラックの
土埃
ドッ
ドッ
HOK
右後方から
2人乗りバイク
ドッ
ドッ

ごらん 目の前にそびえ立つ 雄大な山々を
ドッ
左側通行なのに 運転ムズすぎ
ドッ
奥にも人
左手前に 割り込み車
左前方に 牛
ドッ
左に歩行者
SHOEI
SHOEI
ドッ
足元に 子ども
薄い酸素
左後方 から犬
ゆるいおなか
左後方からも バイク （ノーヘル）
ドッ
ドッ

覚えてる…
この感覚
あれは2018年春
はじめて買った
バイクで
公道を走った日
※大都市TOKYOにて公道デビューゆえ…
車の量！
歩行者！
うっかり
首都高入口
立体交差点
路駐
片道
6車線
ブル〜
ブル
ガタ
ガタ
車線ミス
からの
永遠に
曲がれない
交差点
一方通行
ネズミ取り
汗汗汗汗
疲労倍増
完全に一致
レ〜の公道に出た時のガッチガチ走行動画→
でも帰る頃には
だいぶ慣れてきた
インドの運転リズムに身を任せて〜
目線・クラクションで存在をアピールして！
あとラダックは
すぐに郊外に
出られるよ
シンプルな一本道〜！
ス〜〜イ
崖と未舗装路に注意！
結論
気をつけながら
レッツトライ！

バイクの乗り方inラダック

オフロード初心者でも大丈夫？

思ったより舗装路や軽めのオフロードが多かったけど、出発前のオフロード練習やプロテクター入りウェアの準備、道の下調べは必須！

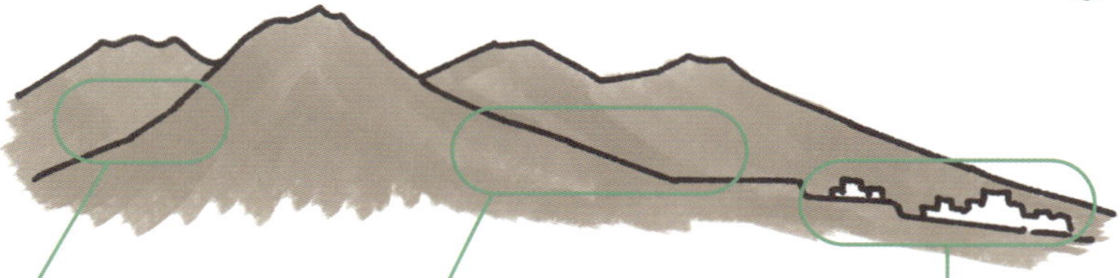

郊外（オフロード）

辺境に行くほど、でこぼこの舗装路やオフロードが増える。ヌブラ・バレーとツォ・モリリは、オフロード初心者の私でもひとりで行けたが、旅行会社や経験者のブログなどでの下調べは必須。

郊外（舗装路）

ラダックはすぐ郊外に出られる。近年は軍事整備のためか、ものすごい勢いで舗装が進んでいる。絶景ばかりで気持ちよい道が多いが、よそ見やスピードの出し過ぎに注意。

レーなどの市街地

車も人もバイクも動物も多くて、最初はビビる（デリーとかはもっとすごそう）。でも躊躇していると永遠に前に進めない。目線とクラクションでしっかり意思表示をして、前進・右左折・割り込みを。流れに乗ることを意識しよう。

ラダックをバイクで走るコツ

クラクション

カーブミラーがないので、見通しの悪いカーブではクラクションを鳴らして存在を知らせよう。市街地でも同様。写真は「クラクション鳴らせ」の標識。

予備のガソリン

ガソリンスタンドが少ないエリアに行く際は準備を。レーの市場で携行缶が買える。

地図

電波が届かないことがあるので、オフラインマップをダウンロードしよう。紙の地図も◎。

端に寄りすぎない

ガードレールのない崖道が多いので、細心の注意を。落ちたらただでは済まない。たまに事故車がある。

ハザード

街灯が少ないので、夜は真っ暗。やむを得ず夜間走行をする際は、ハザードランプを点滅させて走ろう。

ティクセ・ゴンパ

ROYAL ENFIELD

魅惑のゴンパ

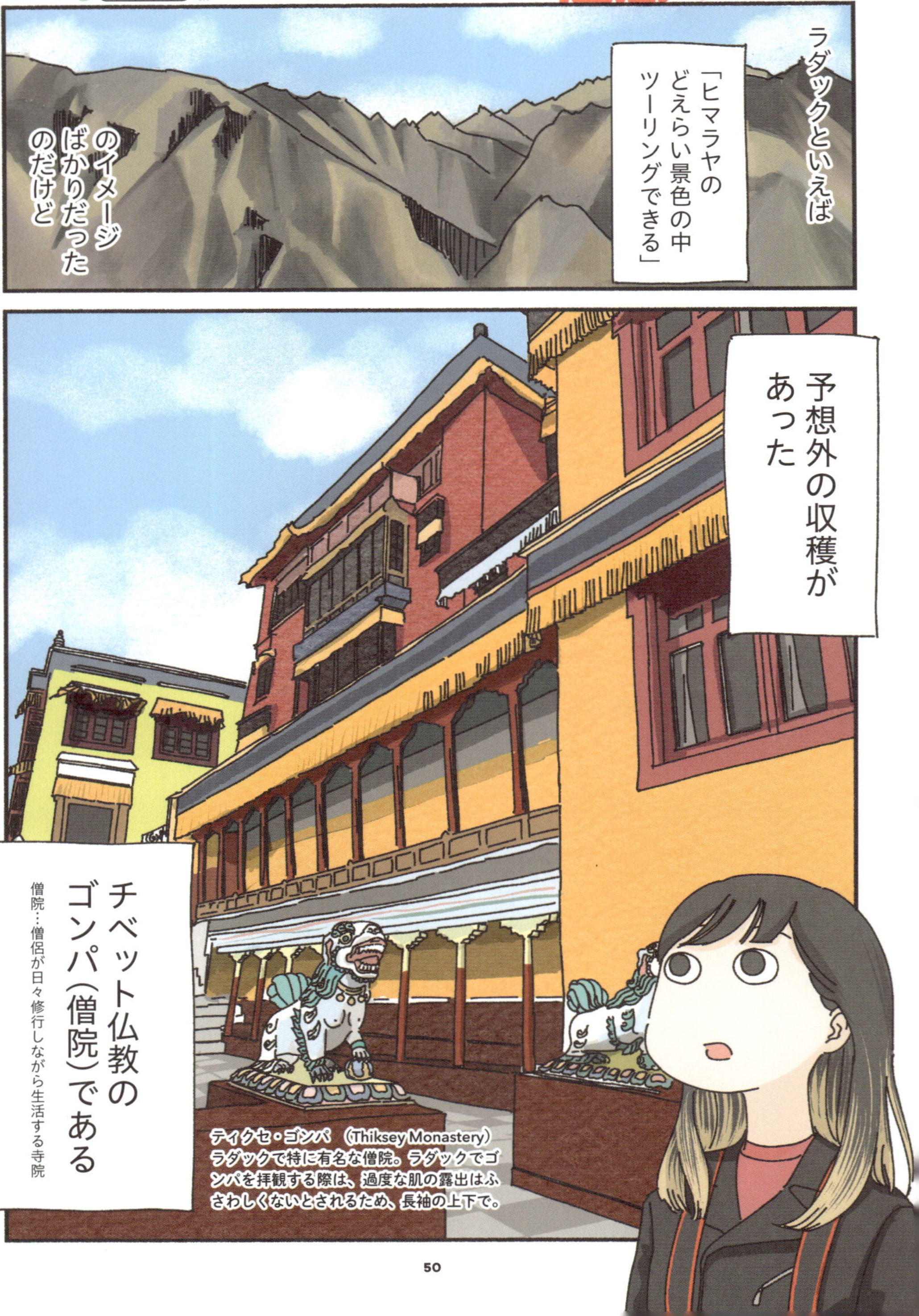
ラダックといえば
「ヒマラヤの どえらい景色の中 ツーリングできる」
のイメージ ばかりだった のだけど
予想外の収穫が あった
チベット仏教の ゴンパ(僧院)である
僧院…僧侶が日々修行しながら生活する寺院
ティクセ・ゴンパ（Thiksey Monastery）
ラダックで特に有名な僧院。ラダックでゴンパを拝観する際は、過度な肌の露出はふさわしくないとされるため、長袖の上下で。

まずはその美しさに

ジウェツァル（Ji We Tsal/平和の庭）。ダライ・ラマ14世のラダックでのお住まい併設で、お説法が行われるところ。タイミングよくお説法も聞くことができた。

山岳地帯に鎮座する風格に

ティクセ・ゴンパのマニ車。壁画も美しい…。チベット仏教ゲルク派の創始者ツォンカパらが描かれているよ。

次はその合理性というかおちゃめさに惹かれ

タルチョ（祈祷旗）。青・白・赤・緑・黄がそれぞれ天・風・火・水・地を表す。旗にお経が書かれていて、旗がなびくだけで読経したことになる。

バイクにもタルチョ。なびくだけで読経！おかげで無事故。

マニ車。お経が彫られていて、時計回りに回すだけでお経を唱えたことになる。2コマ目のような大きなものから、家庭用の小さなものまである。

さらにお坊さんやチベット仏教徒の
祝福のカタをどうぞ
よい旅を
やさしさに惹かれた
カタ（Khata）。儀礼用の絹のスカーフ。心からの敬意と相手の幸せを思う気持ちを表し、大切な人を迎える時や旅立つ人を送る時に首にかけるよ。
自宅には持ち帰ったタルチョを飾っている
いつでもラダックのことを思い出させてくれる祈祷旗
私を守ってくれている気がするのだ
旅の思い出などを描いた絵とタルチョを飾っている、お気に入りスペースなのです…！

ブロロロロロロ
（ちょっと遅れたけど）
20時半
レンタル屋さんに帰還！
やったー！
やったー！
残念ながら
強面のオーナーさんは
いなかったが
いやーまじで
怖かった!!!!
車も多いし
人も多いし
でも
すっっっごく
楽しかった!!!!
らんらんっ！
ツーリングハイ
Oh,
You are a
Good
rider!!!!!!
ニイッ
グッドライダーの
お墨付きをもらい
みてろぅ〜!?
レンタルのおじさ〜〜ん！
達成感に
ひたったのだった

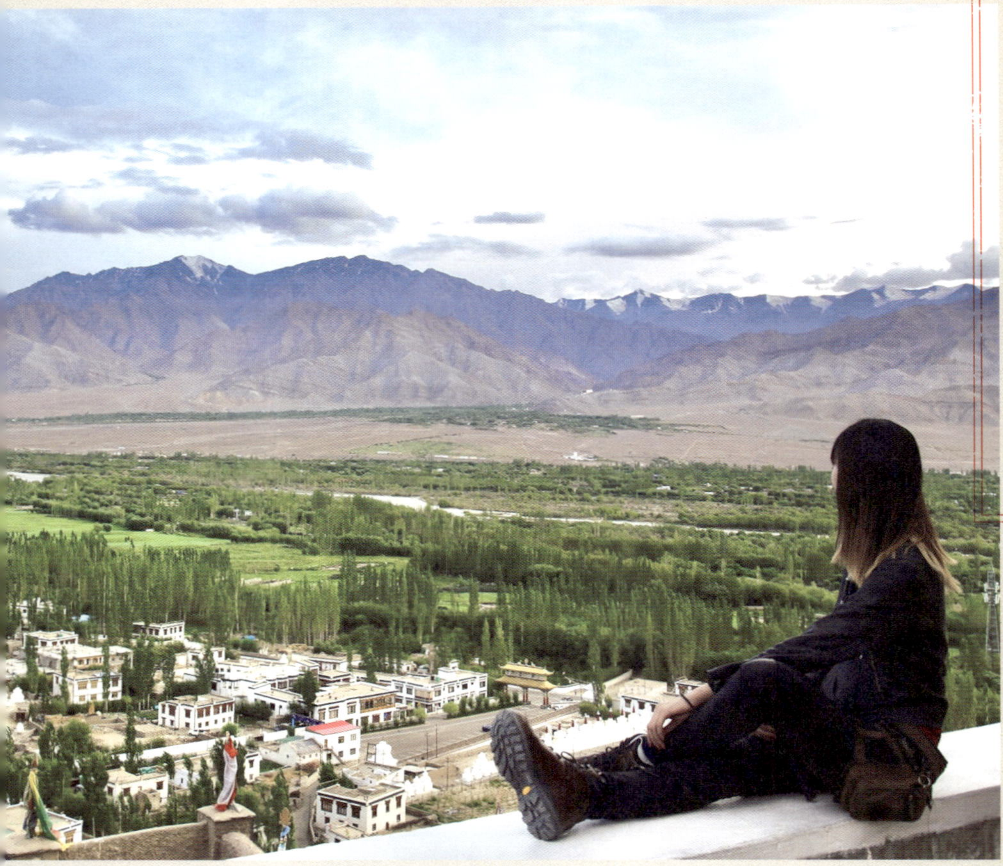

ティクセ・ゴンパを歩く

薄い酸素に息を切らせながら屋上まで上がると、荒涼とした山々を背景にカラフルな僧院を望むことができる。

レーから19kmに位置する、ラダックを代表するゴンパ。標高3,600mの入り口からさらに、階段で登っていこう。

1970年にダライ・ラマ14世のラダック訪問を記念して造られた弥勒菩薩像は、全高15mもあり、2階建ての吹き抜けのお堂の中に祀られている。その迫力に、美しさに、眼力に、圧倒され、しばし立ち尽くしてしまった。

ティクセ・ゴンパはチベット仏教ゲルク派に属する僧院の一つだ。

ティクセ・ゴンパには100人の僧が生活し、修行し、毎朝祈っている。観光客が入れるエリアは限られるが、少年僧たちの生活の様子を垣間見ることができる。近くには尼僧院もあるそう。

上：ゴンカン（護法堂）
左上：カタをかけてくれたお坊さん。僧院も人々もやさしく穏やかな雰囲気にあふれていて、ゴンパを歩くだけで安らかな気持ちになった。

7月26日／ラダック4日目

下痢ゲージ

ツーリング初日の夜

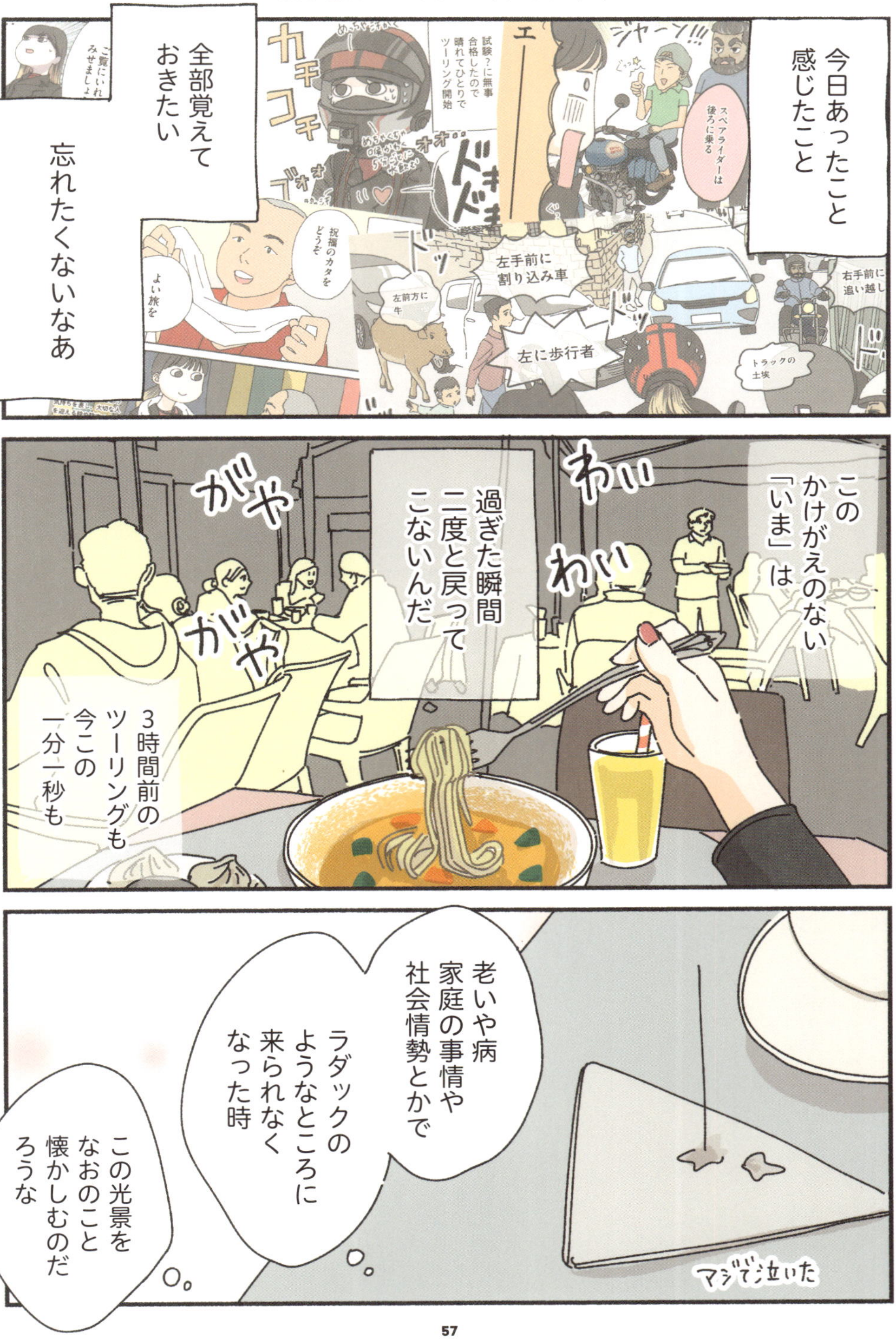
今日あったこと感じたこと
ジャーン!!!
スペアライダーは後ろに乗る
エーー
試験?に無事合格したので晴れてひとりでツーリング開始
めっちゃ汗かく
カチコチ
めちゃくちゃ喉かわく 5分ごとに水飲む
ゴオオオオ
ドキドキ
ご覧にいれ みせましょ
全部覚えておきたい
忘れたくないなあ
祝福のカタをどうぞ
よい旅を
ドッ
左手前に割り込み車
左前方に牛
左に歩行者
右手前に追い越し
トラックの土埃
このかけがえのない「いま」は
過ぎた瞬間二度と戻ってこないんだ
わいわい
がやがや
3時間前のツーリングも今この一分一秒も
老いや病家庭の事情や社会情勢とかで
ラダックのようなところに来られなくなった時
この光景をなおのこと懐かしむのだろうな
マジで泣いた

日記を描こう
自分が忘れないために
あとで思い出を慈しむために
LIKE WATER !!
大好きなはずの絵や漫画も
描けなくなっちゃった
そうか
何かをつくる理由なんて
たったひとり自分のため
ただそれだけでよかったんだよ

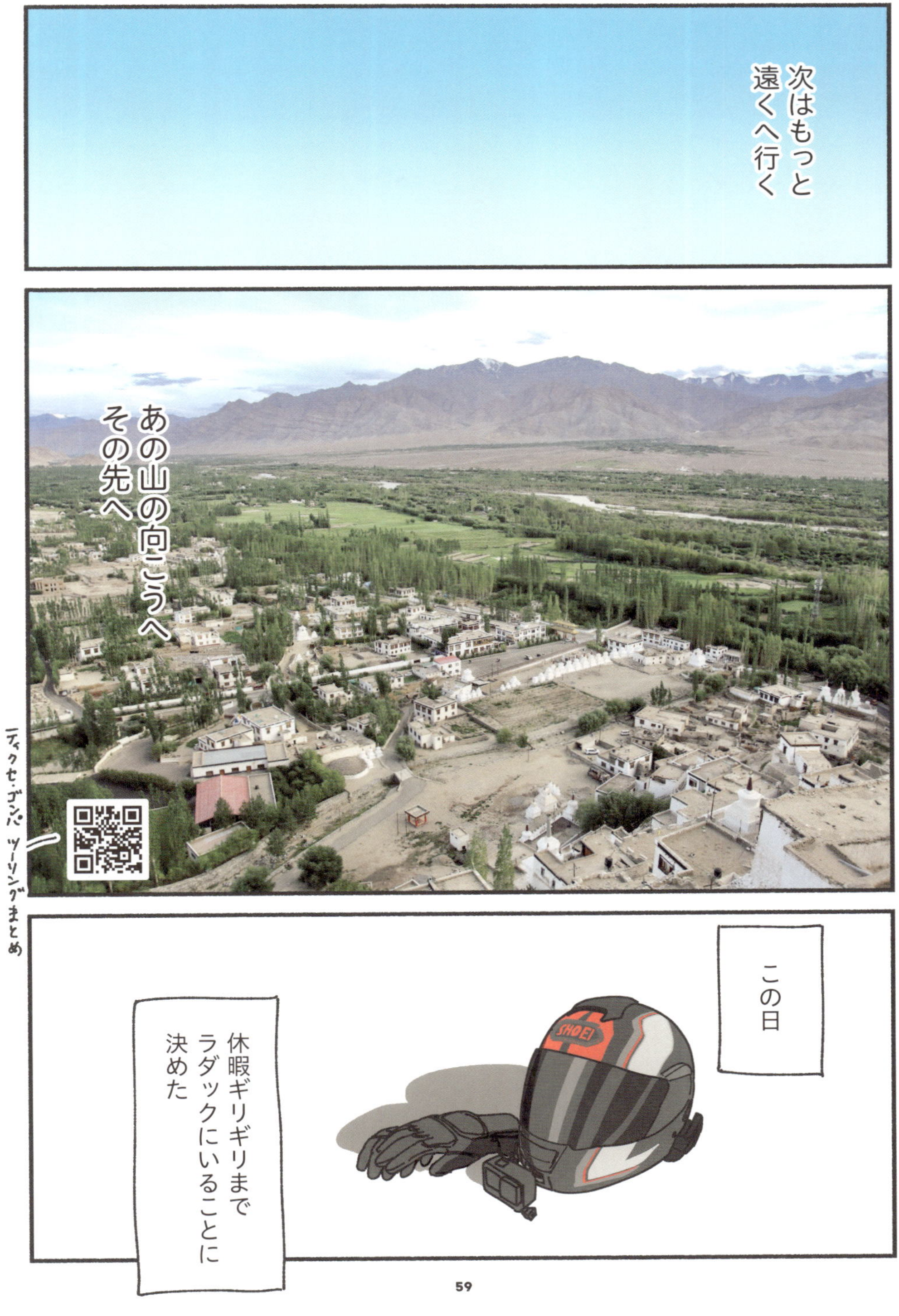
次はもっと
遠くへ行く
あの山の向こうへ
その先へ
ティクセ・ゴンパ ツーリングまとめ
この日
休暇ギリギリまで
ラダックにいることに
決めた
SHOEI

ティクセ・ゴンパツーリング

片道約20km
車で約30分
平坦な舗装路

ついにひとり、インド・ラダックの大地へ走り出した——。
たった20km、30分の道のりを2時間半かけて走った足取り。

街を出るやいなや目の前にそびえ立つ山々。あの山の向こうはどうなっているのだろう。

緊張しすぎて全然前に進めない。レーを出て5分で小休止。口が乾くため5分ごとに給水。

目的地のティクセ・ゴンパ（Thiksey Monastery）に到着！　ここからは歩いて中へ。

道中のカルマ・ドゥプギュッド・チョエリン・ゴンパ(Karma Dupgyud Choeling Monastery）でひと息。その美しさに圧倒される。カラフルで気持ちよくてお気に入り。

お坊さんがその辺を歩いてるのがよい。反対側にはダライ・ラマ14世がお説法する広場ジウェツァルがある。

インド国旗の隣にチベットの旗。間にある像は、2021年に中国と戦って殉職したチベットの軍人だそう。

下：道中、至る所にチョルテン（仏塔）がある。高僧の遺物を収め供養したり神々に供えたりするもの。崩れ具合から、作られてから何世紀も経っていることがうかがえる。

上：シェイ王宮（Shey Palace）の前にて。シェイはラダック最初の統一王朝の都があったところ。自撮りをがんばっていたら通りがかりのインド人ライダーがわざわざ止まって何枚も写真を撮ってくれた。

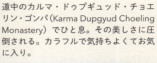

雨の中3時間、法話を聞き続けた。チベット語はわからなかったが（英訳の解説が聞ける席もあったらしいのだが）、穏やかな場の雰囲気と、すぐに手を差し伸べ合う人々の姿から、チベット仏教を信仰する人たちの温かい精神性を感じ、ラダックがもっと好きになった。

ダライ・ラマ14世に会いに

チベット仏教最高指導者のダライ・ラマ 14 世による法話が行われると聞きつけた。7 月 29 日の早朝に人生初のヒッチハイクをして車に揺られること 1 時間。広場にはラダック中のチベット仏教徒が押し寄せ、さながら「フェス」だった。

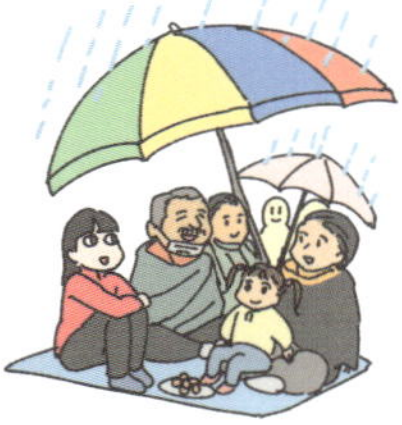

チベット仏教について

紀元前5世紀頃にインドで発祥した仏教は、7・8世紀頃にチベットに伝わった。チベット仏教は、原典を忠実に翻訳した経典を土台にしていて、後期密教の教義も継承している。チベットの西に隣接するラダックでも、チベット仏教は篤く信仰され続けている。

ダライ・ラマ14世

1935年生まれ。チベット仏教の宗派を超えた最高指導者。観音菩薩の化身とされる。1959年、中国のチベット侵攻に際して、チベットからインドへ亡命し、ダラムサラにチベット亡命政府を樹立した。非暴力による方法でチベット問題を提起し続けており、1989年にノーベル平和賞を受賞。チベット人やチベット仏教徒の心の拠り所。後継者と中国の動向が注目されている。

CHAPTER 2

ONE MONTH SUMMER VACATION

ONE MONTH SUMMER VACATION

TOURING

LADAKH

山あり谷ありのヒマラヤツーリング

旅をする理由

キュ
はじめての
ラダック・ツーリング
翌日
ザアアアア
今日は…
どっちだ…!?
!!!
7月27日／ラダック5日目
下痢ゲージ
サアアアアア
お湯出た――――ッ
宿には給湯器がなく
シャワーは毎回
「お湯ガチャ」だった
おそらく屋上のタンクに水を貯め太陽光で温めているため、雨の日や夜中は水シャワー。
「水圧ガチャ」もあるゾ!
レーに来て5日
だんだんと
「こちらの生活」に
なじんできた
常宿HappyDriftersのソウルフード!!!
甘〜いチャイ
下痢による低血糖にも暑さにもシみる…
インドの国民食マギヌードル…の、スパイスを抜いたもの
スープ。胃腸がやられていても食べられた。1日3〜4杯食べてた笑 ひき肉や野菜入り。しょうが効いてる。
いただきまーす
バックパック旅は
何度もしてきたが
同じ場所に1週間以上
滞在するのははじめてだ
ジャ〜〜〜
やっと下痢が
落ち着いて
きたぞ
ほ…っ
ゴウンゴウン
二槽式洗濯機
いい天気
だなあ

バサッ
バサッ

ごはん食べて
おしゃべりして
散歩して
シャワーが温かいとか
下痢が落ち着いたとかで
こんなに喜んで
さあ…あ
生きるって
シンプルな
はずだ
なのに
普段の私は一体
何と戦っているんだろう？
仕事が
できないと
いけない
社会になじま
なきゃいけない
うまく
しゃべらなきゃ
ふるまわなきゃ
ずっと働いて
自分を養って
はっ
はっ
はぁ
はっ
有用でなければ
生きていけない
周りのスピードが
速すぎて
息切れしてしまう
人の評価を
気にしすぎだって
わかってるけど
ゼェッ
ハァッ
ゼェッ

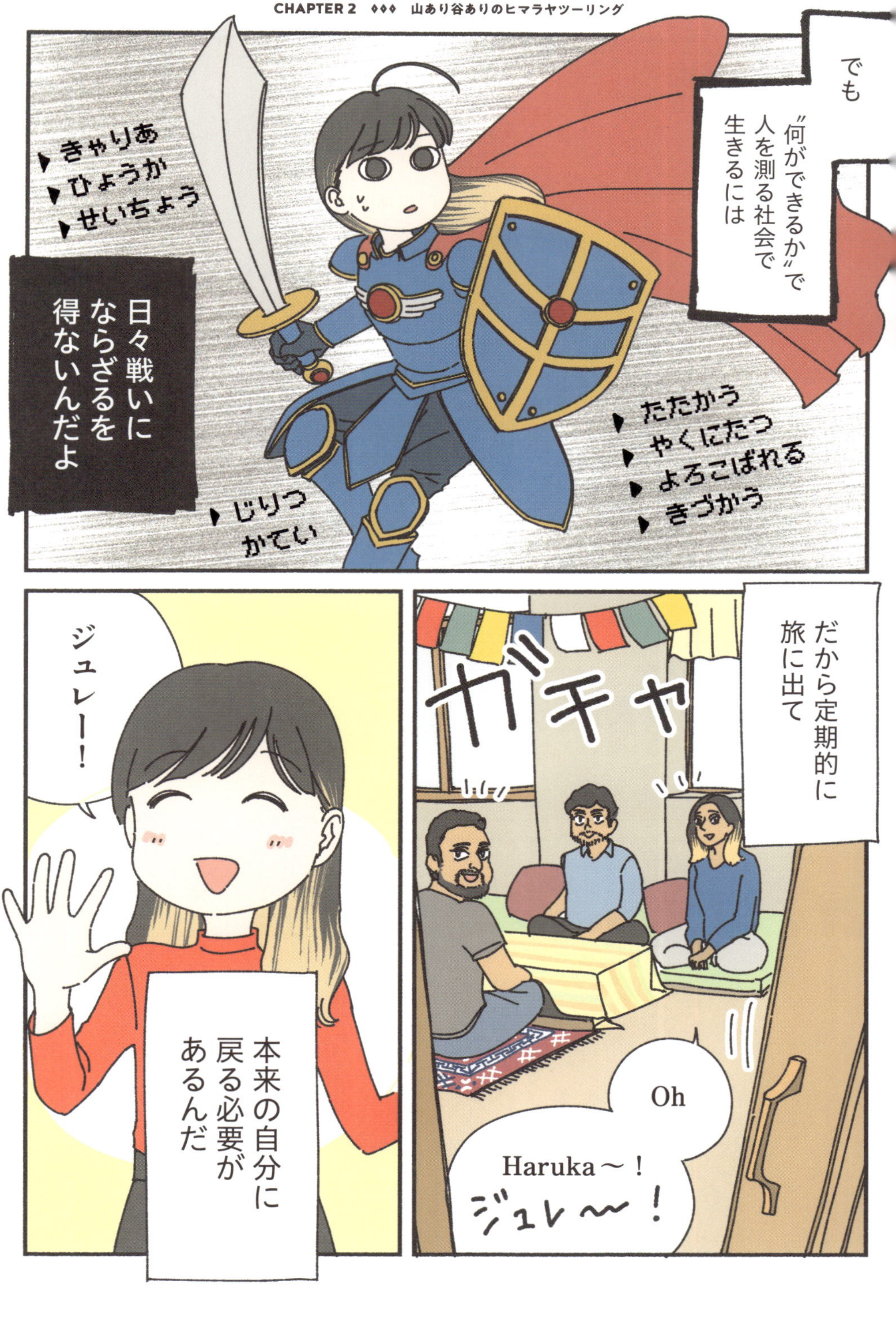
でも
〝何ができるか〟で人を測る社会で生きるには
日々戦いにならざるを得ないんだよ
きゃりあ
ひょうか
せいちょう
たたかう
やくにたつ
よろこばれる
きづかう
じりつ
かてい
だから定期的に旅に出て
ガチャ
Oh Haruka～！ ジュレ～！
ジュレー！
本来の自分に戻る必要があるんだ

いざ！ 標高5,359mの峠へ

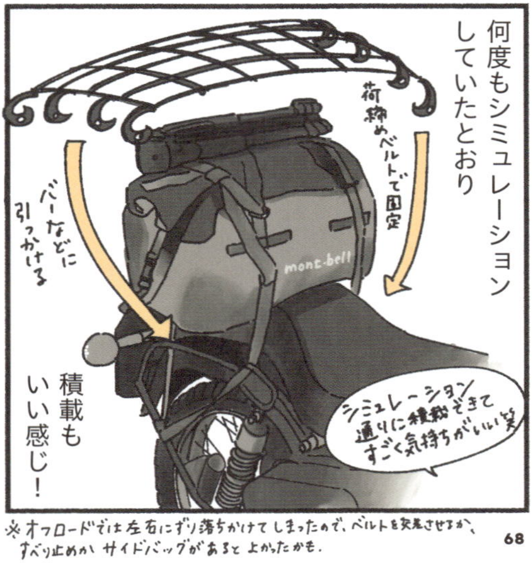

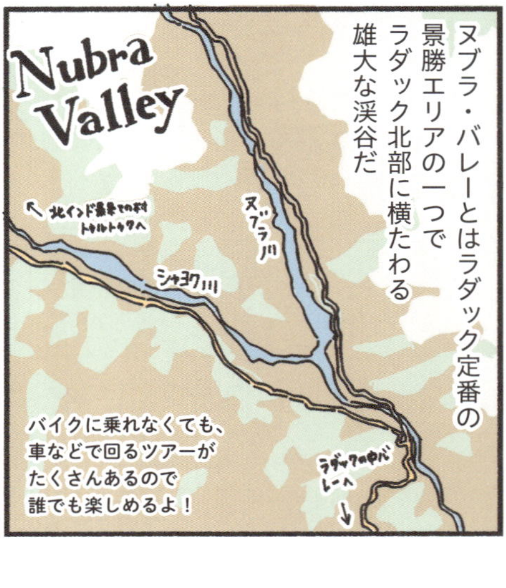

※オフロードでは左右にずり落ちかけてしまったので、ベルトを交差させるか、すべり止めかサイドバッグがあるとよかったかも。

じゃ3日くらい旅に出るわ！
いってきまーす！
テヘ〜っ
宿のみんな
14:00 遅っ!
自分で購入したタルチョをバイクにくくりつけ
バイクで走るたびにタルチョがはためいて読経したことになるので、事故らなさそう！
給油や買い出しも済ませた
水ヨシ!!
kinley
kinley
ガソリンヨシ!!
非常食ヨシ!!
今日は比較的下痢も落ち着いてる
お天気も最高！
ブロロロロ
ブオオオオオ

街を出てまだ
3分なのに
この先…
どんな光景が待ってるっていうの
カーブを曲がるたびに
移り変わる景色
ドゥルルルルルルルルレ
重低音の鼓動感が心地よいBULLET500

空が青い！
雲が近い！
山がでかい！！
画面に入りきらない…！
周辺視野をフル活用しても
とらえきれない広大な大地
動画で
ヌッ
絶景神…ッの登場ッ！
はわああ
違う惑星に来ちゃったみたい
こちらも絶景神…ッ!?
ヌヌッ

絶景許容量を
超えに来てるよ…

こんなの前に
ごらん絶景だよ
見たまえこの山々を
こっちも見逃せないわよ
進めないよォオ
絶景神々の降臨…ッ!!
パシャ
キャー
はわぁ～
見とれちゃう…
パシャパシャ
パシャ
富士山
※7合目（2,700mくらい）でひっどい高山病になりました…
3,776m
7合目2,700m
ラダック（レー）
いきなり！空港が3,650m
酸素薄い！息切れ！太陽つよ！高山病！
ゆっくり高度順応しようね！
ROYAL ENFIELD
気圧低いのによく走るバイク

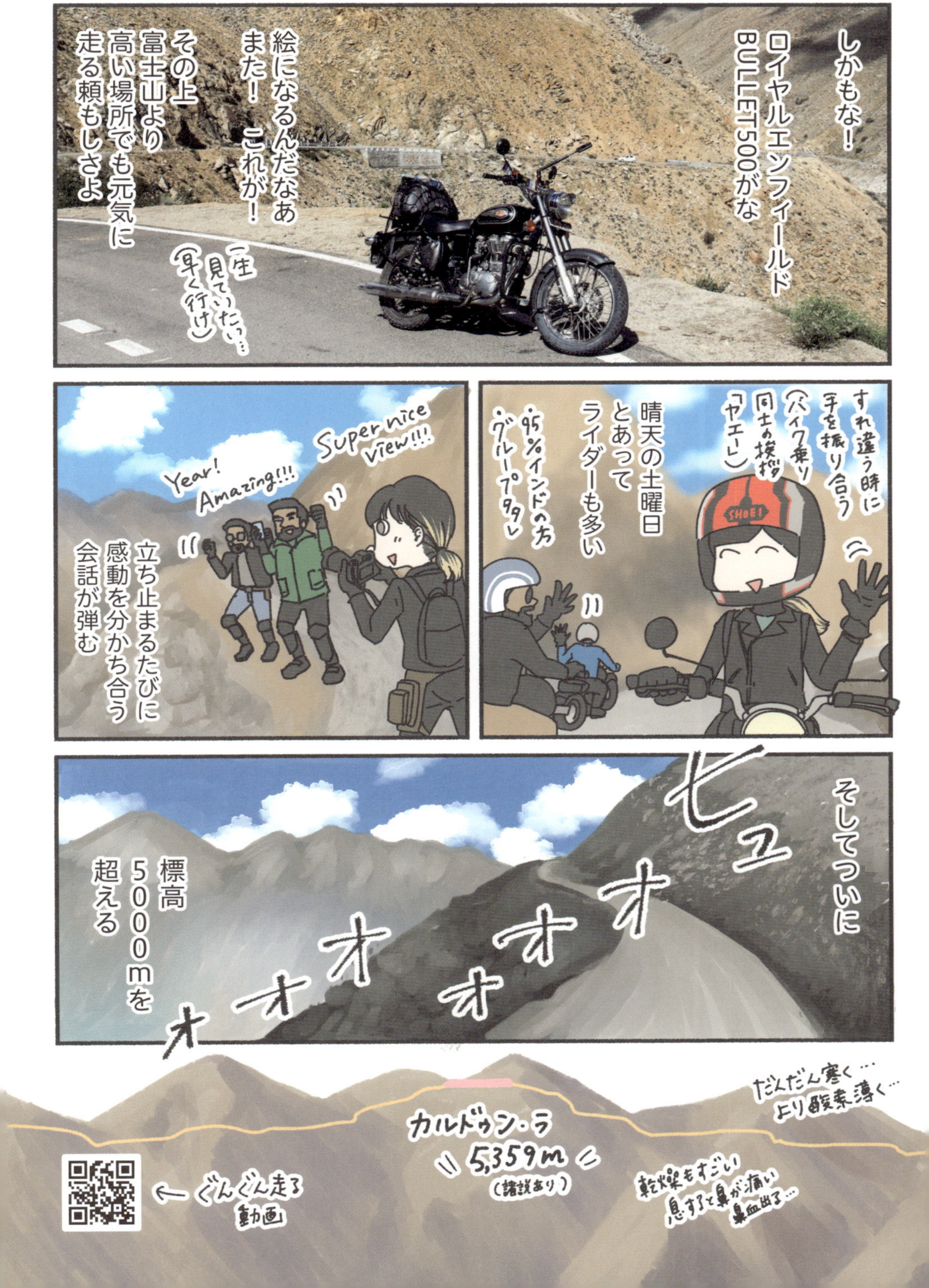
しかもな！
ロイヤルエンフィールド
BULLET500がな
絵になるんだなあ
また！　これが！
その上
富士山より
高い場所でも元気に
走る頼もしさよ
（一生見ていたい…
早く行け）
すれ違う時に
手を振り合う
（バイク乗り
同士の挨拶
「ヤエー」）
SHOEI
晴天の土曜日
とあって
ライダーも多い
・95％インドの方
・グループ多し
Super nice view!!!
Year! Amazing!!!
立ち止まるたびに
感動を分かち合う
会話が弾む
そしてついに
ヒュオオオオオオ
標高
5000mを
超える
だんだん寒く…
より酸素薄く…
カルドゥン・ラ
5359m
（諸説あり）
乾燥もすごい
息すると鼻が痛い
鼻血出る…
← ぐんぐん走る
動画

たのしい
いいいいい!!!!
Canon
動画

レーを出発して 37km
ヒュオオオオ
カルドゥン・ラ 標高5359m（諸説あり）
車が通れる 世界一標高の高い峠 と言われている（諸説あり）
ドッ
ドッ
ドッ
ドッ
ついに来た！
ドッ
パカ
ドッ
ドッ
日本から はるばる やってきて！
ここまで 来られた！
WELCOMES YOU TO
THE TOP OF THE W
MIGHTY KHARDUN
ALTITUDE－17982 FT

THE HIGHEST PASS IN THE WORLD

※諸説あります

KHALDUNG LA

「峠」という意味

標高5,359mとか5,620mとか言われているが、実際は不明。レーからも近く、ラダックツーリングで一番最初に目指す人が多い。レーから24kmは舗装路、そこから13kmは未舗装路。途中でILP（インナー・ライン・パーミット、P112参照）が必要。

ベタなモニュメントがあると達成感を感じられてよい笑。

左：補給路として重要な峠のため軍の拠点もあり、トイレも完備。温かいチャイを飲めるカフェも。
右：山のようなタルチョが。

気温2℃
超うっすい酸素だけど
高山ハイ!!!

居合わせたインド人ライダーのみなさんと盛り上がるの図

ホットチャイで
息をふきかえす…

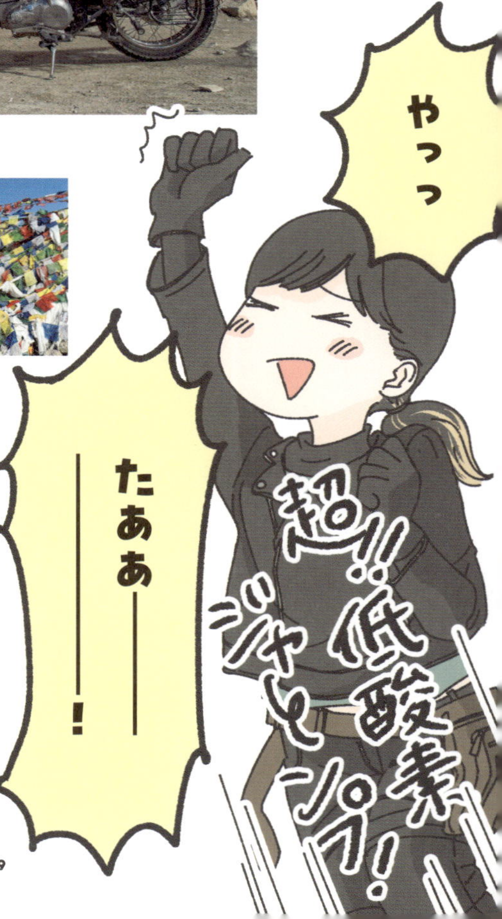

カルドゥン・ラ ツーリング まとめ

※カルドゥン・ラから50kmほど先のカルドゥンにはホームステイがいくつかあるが、オフロードが続くので、引き返して正解だった。

た…
常宿Happy Drifters
ただいま〜〜
!!?
大丈夫!?
何があった!?
Haruka!!!
What happened!?
のこのこ…
いやー絶景すぎて写真撮りすぎちゃって
ズコーッ
全然前に進めなかったわあ
カルドゥン・ラ着いたの17時よ…
照…
でも
街から37㎞の往復だけで心から楽しかったなぁ
エへへ…
ちょっとしか走ってないのにめーっちゃ疲れた…
牛歩だけど少しずつレベルを上げよう
次エピソードこそヌブラ・バレーツーリングなるか…?

カルドゥン・ラ ツーリング

いよいよ（本当にようやく）ラダック・ツーリング本番！　ずっと憧れていた道を走ることができ、感無量。これぞライダーの聖地。360度全方位型の絶景に、10m進んでは止まってを繰り返していた。楽しくて楽しくて仕方がなかった一日。

インドのライダーさん達とはしゃぐ!!

次はもっと深いところへ
あの山の、その先へ

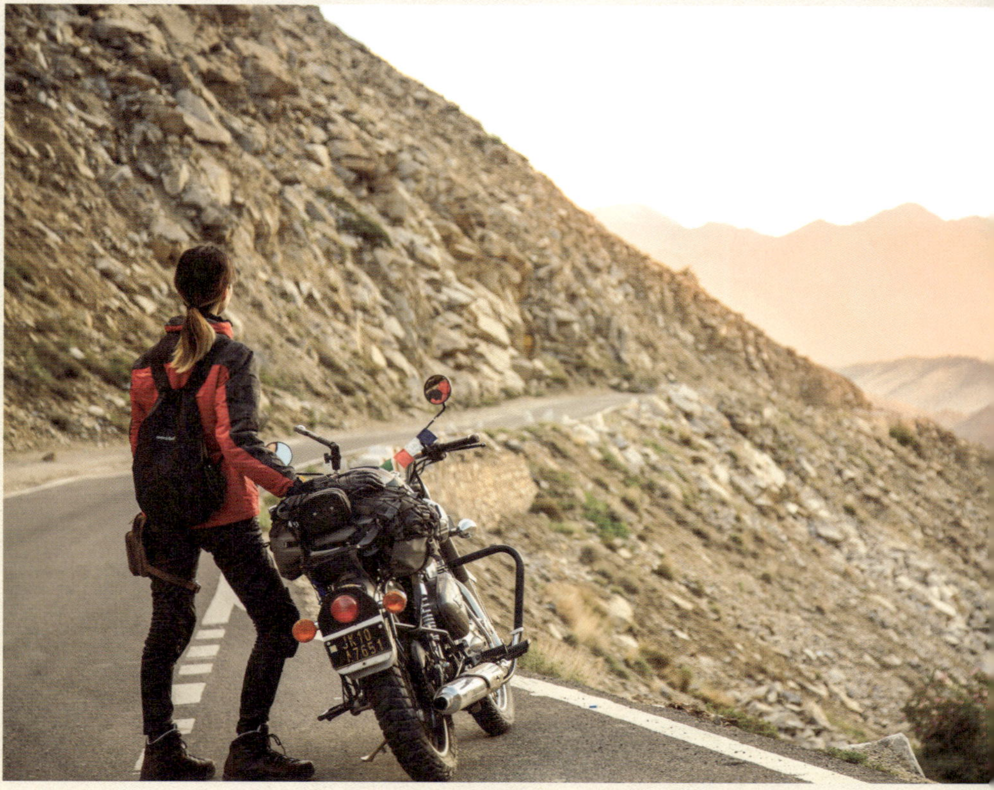

8月1日／ラダック10日目

下痢ゲージ

ヌブラ・バレー チャレンジ(再)

※旅行代理店Hidden Himalayaの上甲紗智さん。ILP(インナー・ライン・パーミット)取得など、とてもお世話になりました～!

今回は1時間でカルドゥン・ラ通過
くもりでパワー半減の絶景神…
前回よりスイス〜イ
ここから未知の領域
順調…と思いきや
突然の試練
ザアアアアアアアア
ヒイイィ涙
みぞれ
オフロード
崖
そもそもオフロードは初心者
すべる〜
ぬかるむ〜
ガタつく〜涙
途中の小屋で暖を取りつつ
ぽ〜…
いつものかっこう
+イージス(ワークマン)
+レインダンサー(モンベル)
北海道仕様ネックウォーマー
カイロ
いつもの+レインダンサー(モンベル)
MAXに防寒防水対策しても寒い
気温0℃とか…
雨止んだ!
すでに16:30
YABAI…
少しでも前に進まないと

ンアーー!!
断崖絶壁!!
晴れ間もうれしーっ!
崖の動画
ワァ…あ…
火星!?
やはりラダックの自然からは目が離せないな…
トコ
トコ
トコ
トコ
トコ
トコ
次はどんな景色が待ってるかな〜♪
山の形も石の色も全部違うんだもの

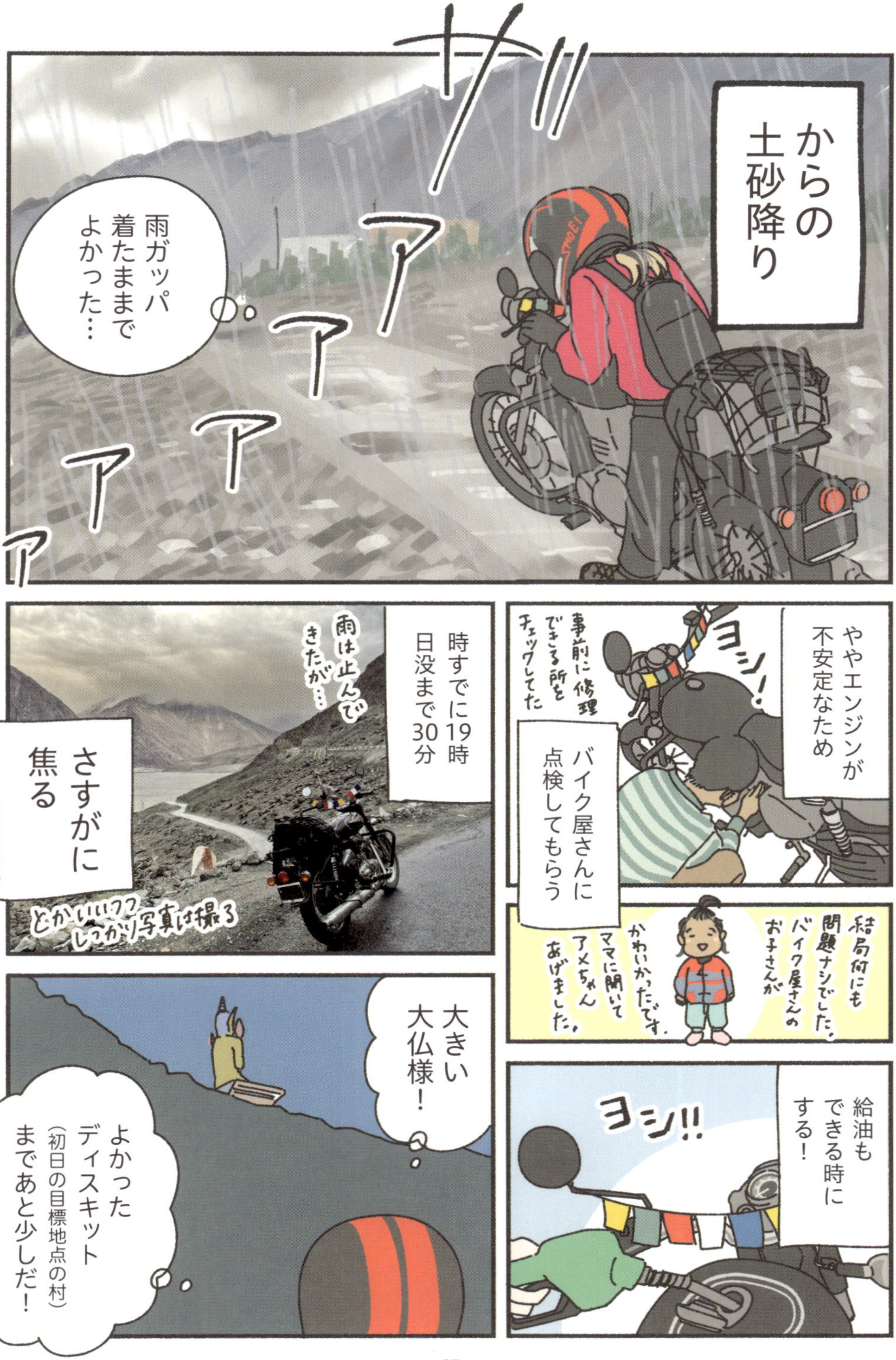

からの土砂降り
ザアアアアア
雨ガッパ着たままでよかった…
ややエンジンが不安定なため
ヨシ！
事前に修理できる所をチェックしてた
バイク屋さんに点検してもらう
結局何にも問題ナシでした。
バイク屋さんのお子さんがかわいかったです。
ママに聞いてアメちゃんあげました。
時すでに19時
日没まで30分
雨は止んできたが…
さすがに焦る
とかいいつつしっかり写真は撮る
給油もできる時にする！
ヨシ!!
大きい大仏様！
よかったディスキット
（初日の目標地点の村）
まであと少しだ！

秘技！
国内ツーリングと同じノリッ!!
おっ ここいい感じやんけ〜
行ってみよ
目的地に着いてから宿検索！
19:16
ホテル
ディスキット（Diskit）は大きめの村なので、
どこかしら泊まれるだろうと予想していた。
目星だけつけて、あとは直交渉しに行くよ。
秘技：英語が（言葉が）通じなくてもジェスチャーでOK〜！
今夜、ここで寝たい！OK？
OK OK
んおお！
ゴージャス！
ベッドダーイブ!!
っ 疲れたぁ…
初日完。

みぞれと未舗装路

慣れないオフロードにみぞれと雨が追い打ちをかける。とにかく落ち着いて、転ばないように…。

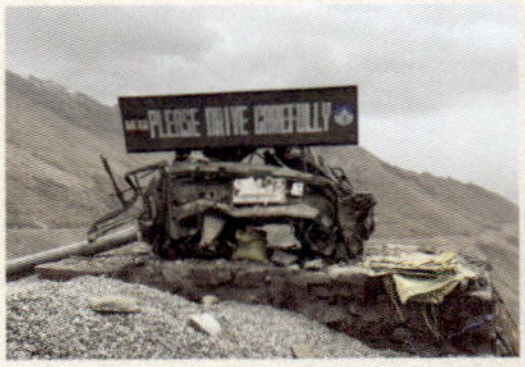

事故注意の看板にビビる。

突如現れる美しき村

かと思えば、いきなり美景が現れる。RPGのような美しき村。これだからラダックは目が離せない。どうしてもこの村が気になり、帰路で宿泊したが、災難に見舞われるのはこの後のエピソードにて…。

晴れ間と宿の安心感

束の間の晴れ間にホッとし、宿に着いて胸をなで下ろす。ラダックに来てから自律神経の乱高下が激しいが、不思議と心地よい。

北インド最果ての村へ

2日目　7時半
ディスキット
晴れた――――!!
昨日雨とみぞれの中がんばって来てよかった…!
!!!
デ、デジャヴ〜〜ッ!!
ジャ〜
しばらくお待ちください…
バターだ！とにかくバターを食べるのだ！
北極冒険家の荻田泰永さんもバターかじってカロリーとってたし!!!
ガッ
これで…しなない！
ガッ
ラダック名産あんずのジャム
morning!
本日はヌブラ・バレーの奥北インド最果ての村トゥルトゥクに向かいます
パキスタン
北インド最果ての村
Turtuk トゥルトゥク
※外国人が行けるインド最北の村
イマココ
Diskit
ディスキット
その距離、92km。
Google Mapの試算で2時間11分
（私の走りだと4時間半程度と予想）。
おなかを落ち着け
ドウロロロロロロロロ
いざ出発♪

大仏様
かっこいいーーー!!
ぐっ
ディスキット・ゴンパ（Diskit Monastery）
ヌブラ最古の僧院、見応えあり
高さ32mの巨大弥勒菩薩像は圧巻
チベット仏教僧院
どうしてこんなに
心洗われるのか…
3時間止まる
ロバ
かわええーーー!!
30分止まる
んぐっぐっぐっぐっ
気温は20度ちょい
だが標高が高く
紫外線が強いためか
熱中症になりやすい。
水分塩分補給、大事…。
気ままに移動して
好きに止まれる
バイク旅…
最高
すぎるな…
ふぅ〜〜
ヌブラのフンダル
（Hunder）には
砂漠もあるぞ！
15時!?
アカン
Turtuk
イマココ!!
Diskit
ディスキットから
ほぼ移動してない
いつもの!!

でもこんな景色
通り過ぎるなんて
できないよ…

荒野をひとりきりで走る
背中でも頭のてっぺんでも山の存在を感じる
広くて大きな大地に包み込まれているような
悩みとかが溶けていくような

ずっと見てた――
きゅーラララララッ
い!?
くっ…ッ しばし落ち着いてたのに
突然の腹痛 こういう時は
一、迷わず人に頼るべし
ジュレ〜 トイレ貸してくださり…
あら
ローカルトイレはこんな感じ…
家の外にある
トイレットペーパーと
ウェットティッシュ・ゴミ袋を持ち運ぼう
※せめてものお礼にアメをお渡し…アメは溶けないのでちょっとしたお礼に便利！
おっっ 商店はっけーん
二、持参した薬・水分・アメをフル活用すべし
命綱〜っ
下痢の薬
鎮痛剤 腹痛&生理痛に
アミノ酸補給
アメ！ 走りながら糖分を補給できて◎
塩アメ 熱中症対策にもなって◎
Kinley

三、物資は調達できる時に調達すべし
水・ジュース生理用品を購入
ジュレ〜!
ちなみにラダックではどんなに小さな商店でも生理用品を買うことができた
生理ある方でも安心してね!(無理はせぬよう:)
こんな風に色々ある。1パック40円くらい。
でもゴワゴワするので、可能なら日本から全日程分持参がオススメ。かさばるけど…
誰かの手も借りつつトラブルをクリアしていく
「できた!」が増えていく
旅してると小さな達成感がたくさんだ…
!!
しっかしトゥルトゥク遠いなあ…
18時20分
ILP(P112)のチェックポイント
ILPとパスポートね!
トゥルトゥク?ここから1時間かかるよ
なんですって
あと30kmしかないのに!!?

夕日を追いかけ
渓谷のさらに奥へ
ヒュオオオ

本当に…この先に村が？
ぞく
村にたどり着けない＝生命の危機なので
この辺りからかなり緊張していたことを覚えている
オオオオ

走りながら考えていた
いつもは
普通は〜
みんなは〜
上司は〜
友達は〜
評価は〜
いいね
"みんな"にどう思われるかばかりだ
だって
そうしないと居場所がなくなる
でしょう?
オ
オ
オ
オ
オ
オ
でも今は
この大地にたったひとり
今日 いま ここで何をするか決めるのも
ドルッ
ドルッ
ドルッ
ドルッ
ハンドルを操縦するのも
ドルッ

私の生死を分けるのも
私
下痢による体力低下とペースダウン
想像以上だったな…
次は用心しなきゃ…
誰にどう思われるかとか言ってる場合じゃない
とにかく
何としても日が暮れる前に村に着かなきゃ
この世界にただひとりの私
守らなくちゃいけない
ドゥ
ロロロ
動画↓

19時37分 ついに
トゥルトゥクに
到着
文字！
灯り!!
文明!!!
人工物
だーーーっ涙
PRIMARY HEALTH CENTRE
TURTUK
350 Mtrs
HI!!!
ホテル!?
ホームステイ!?
村のあっち側にあるわよ
うちで宿やってるよ
4、5人に声をかけ無事に宿もゲット
ついに現地で直接声かけ作戦に（電波もなかったし）。
はァ〜〜〜〜〜
ボロッ
毎日ギリギリすぎるだろ〜〜〜
でも
今日も生き延びられた
自分のことがだんだんと頼もしく思えてくるのだった

北インド最果ての村 トゥルトゥクを歩く

トゥルトゥク（Turtuk）はインド・パキスタン停戦ラインまで10kmに迫る、北インド最果ての村。外国人が入れるようになったのは2010年以降。インドとパキスタンにまたがるバルティスタンという地域で、住民のほとんどがバルティと呼ばれるイスラーム教徒だ。トゥルトゥクに向かうと、途中で「アジア系の顔立ち・チベット仏教徒多め」のエリアから「彫りの深い顔立ち・イスラーム教徒多め」のエリアに切り替わるのを肌で感じることができる。

標高2,700mとラダックの中では低標高なトゥルトゥクは、水資源が豊富で、あんずやりんごがよく育ち、木々の緑や麦畑の黄色が美しい。家並みもかわいく、酸素が比較的濃いため、散歩するのが楽しい村だった。

バルティの女性に誘われて

村を歩いていると、ひとりの女性と出会った。小学校の先生をしていて、休み時間だという。美しい麦畑を抜け、彼女の家でお茶をいただくことに。家では、彼女のお母さんと1歳になるという娘さんが出迎えてくれた。

聞けば、彼女はまだ21歳だという。お母さんがお湯を沸かし、甘くて温かいチャイとパン、庭のさくらんぼを振る舞ってくれた。ほんのひと時だが、日本から遠く離れた地で暮らす人の日常にふれさせてもらい、胸がいっぱいになった。

かつてバルティスタンを統治していたヤブゴ王朝の王家の離宮だったという建物へ。現在は博物館となっていて、木工細工があしらわれた建物や武器の展示など、当時の栄華を思わせる雰囲気だった。

村の人々。村の西側はやや観光客が多かったが、東側は素朴な雰囲気が残っているように感じた。

インドの人ならトゥルトゥクをさらに越え、パキスタン国境至近のタン(Thang)に行ける。気になってトゥルトゥクよりさらに奥に行ってみたが、検問で返されたので帰路に。

決死の帰還

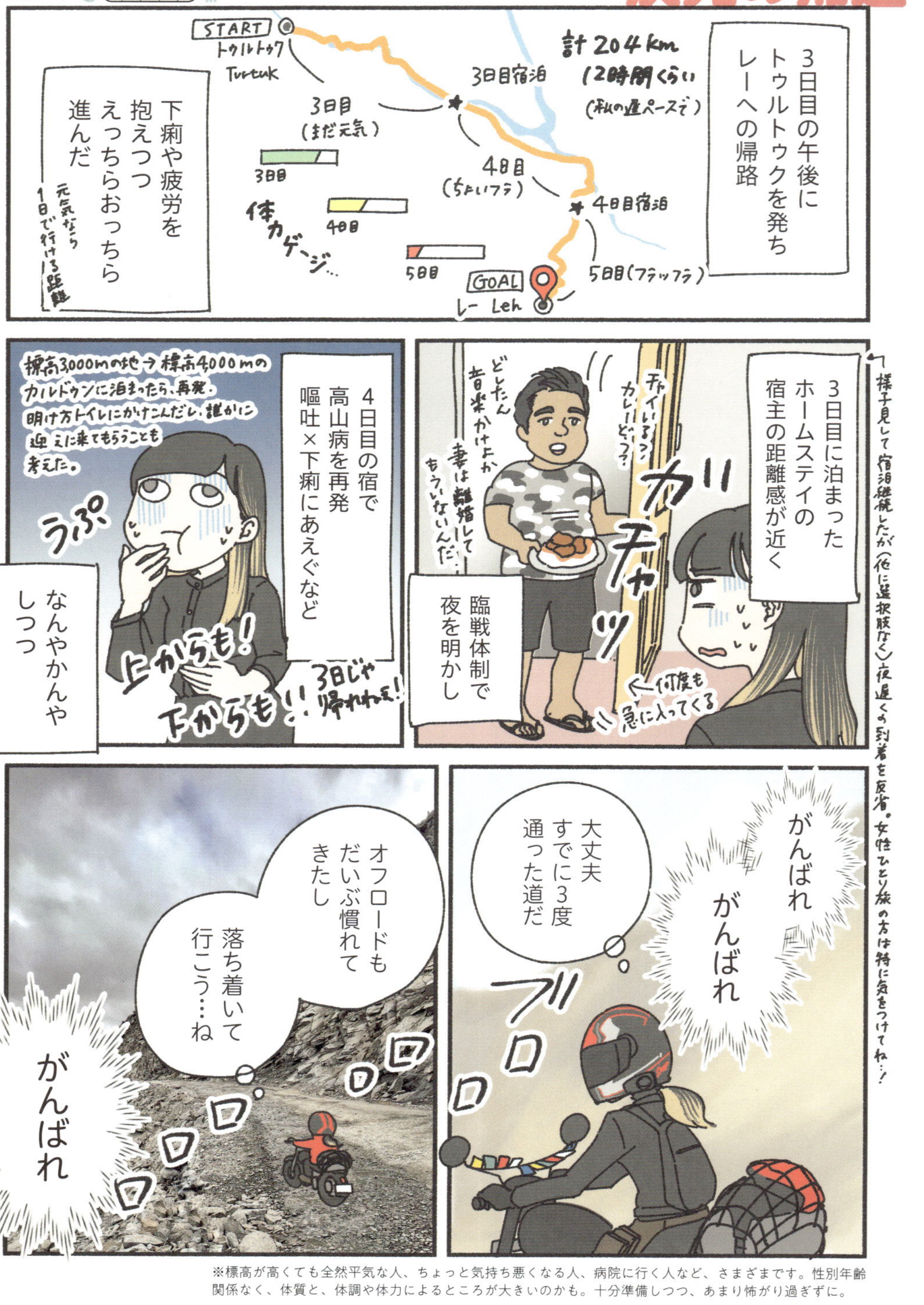

※標高が高くても全然平気な人、ちょっと気持ち悪くなる人、病院に行く人など、さまざまです。性別年齢関係なく、体質と、体調や体力によるところが大きいのかも。十分準備しつつ、あまり怖がり過ぎずに。

着いた
着いた
ついに帰ってきた！
ドッドッドッドッドッドッ

バイク漫画じゃなくて体調不良漫画なのかな?

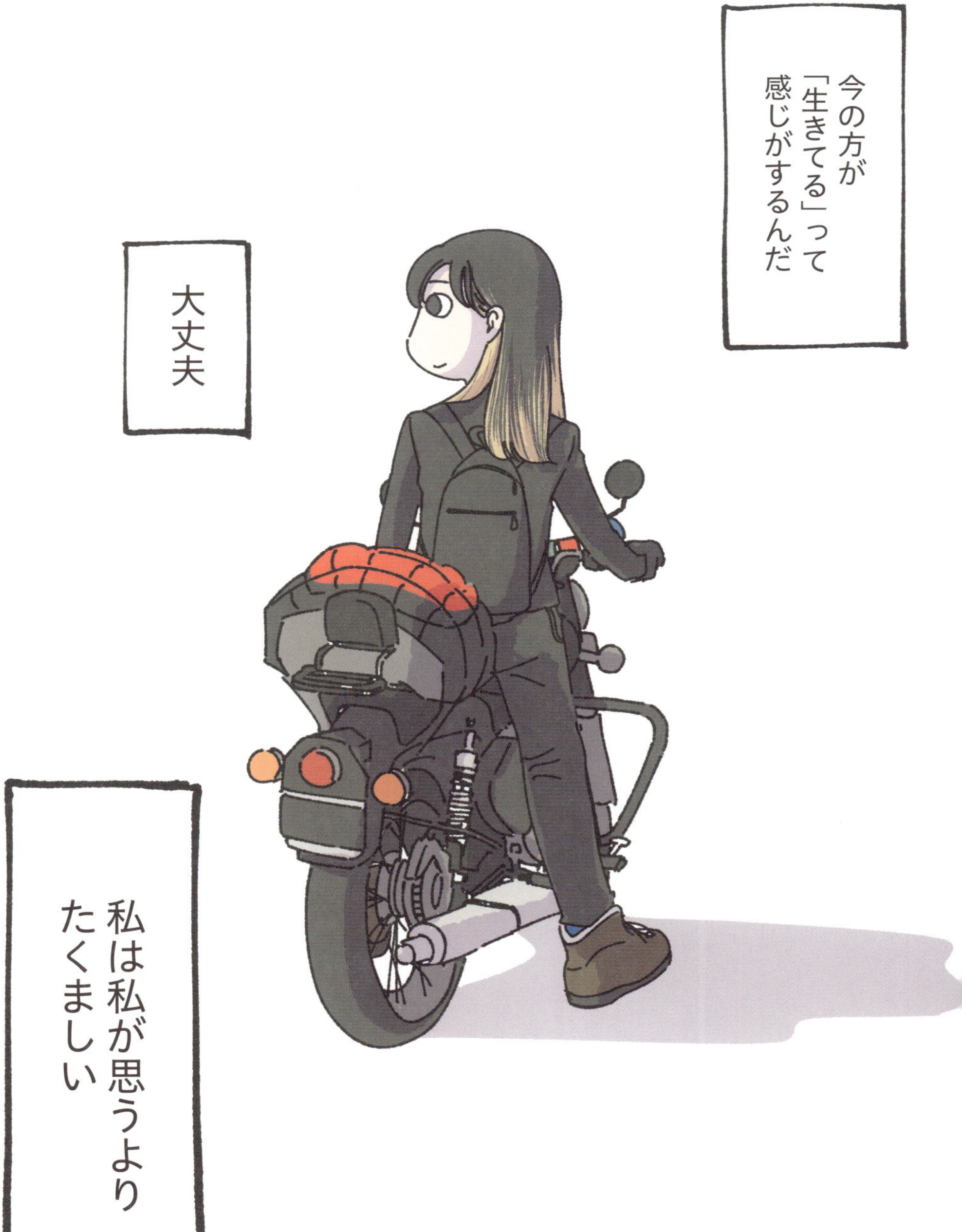
今の方が
「生きてる」って
感じがするんだ
大丈夫
私は私が思うより
たくましい

ヌブラ・バレー
ツーリングまとめ

少しずつ、少しずつ、前に進む

ヌブラ・バレー ツーリング

3日目の午後、トゥルトゥクを出発した。同じ道なのに、天気や角度が違うだけで、また新しい魅力が感じられた。

時々休憩しながら――

レーへ、帰ろう。みんなが待ってる

だんだんと体調が悪化し、ペースが落ちつつあったが、それでもラダックの景観は心をつかんで離さなかった。息切れしながらバイクを止めては、シャッターを切った。

ROUTE

ヌブラ・バレーを経てトゥルトゥクへ行く、ラダックでもポピュラーなルート。大抵は2、3日で往復できる。9割方舗装路のため、最初のツーリングにおすすめ。チャーター車やバイクタクシーのツアー、乗り合いジープも多数ある。

START! 7/30

クラシカルでかわいいROYAL ENFIELD BULLET500を借りられてご満悦。この頃はまだ元気だった…。

GOAL! 8/5

なんとかレーに生還。もう二度としたくないくらいつらかったが、達成感で胸いっぱいに。

国境付近に行く際、外国人はILP（インナー・ライン・パーミット）を事前に取得する必要がある。レーの旅行代理店やホテルに頼めば、午前中に申請すれば午後には取得できる。2024年現在、対象地域はヌブラ・バレー、パンゴン・ツォ、ツォ・モリリ、ハンレ、ダー・ハヌーなど。有効期間は1、2週間で、外国人は2名以上での申請が原則だが、旅行会社に頼めば1名でもなんとかしてくれる場合が多い。必ず最新情報を確認のこと。

ちなみに、トゥルトゥク以外の村では電波あり（2022年）。ただしデリーなどで購入したSIMは使用できないため、レーの携帯電話ショップでSIMを購入しよう。パスポートとお金があればOK。

0 DAY0 74km

ヒマラヤの絶景に見惚れて進めず半日でUターン。でも大満足（P68）。

1 DAY1 113km

みぞれ・雨・オフロードにあえぎながらもなんとか完走。ディスキット泊。

2 DAY2 92km

晴れだと絶景で前に進めない。日没ギリギリでトゥルトゥク着。

3 DAY3 66km

北インド最果ての村トゥルトゥクを散歩。パキスタンとの国境ギリギリへ。

4 DAY4 68km

下痢と疲労で体力が落ちてきて、休みがち。無理せずカルドゥン泊。

5 DAY5 70km

標高差にやられ高山病再発。ギリギリの体力でじりじりとレーに向かう。

レーの日常

ツーリングをしては拠点となるレーに戻って休む方式にしたため、バイク運転と移動ばかりにならず、ゆっくりと住むように街を楽しむことができた。
バイクに乗らない日はレーの街でのんびりと過ごした。道ゆく人々と言葉を交わしたり、顔なじみや行きつけができたり、そこら中に寝ている犬を眺めたり。東京よりもずっと酸素が薄いのに息がしやすいと感じるのはなぜだろう。

そこら中に、犬が落ち…寝ている。起きている時は狂犬病リスクが怖いが、寝ているとかわいい（筆者は犬好き、実家には柴犬がいる）。

ラダックの各地から野菜や果物を売りにレーの市場へやってくる人々。郊外の村でお世話になった人と市場で再会したことも（P124）。

お気に入りのチョコレート屋さんSchoko Monk Chocolates。同世代のインド人女性が海外で経験を積み、レーへ移住・起業したそう。

レー・パレスを歩く

正式名称：レーチェン・パルカル（Leichen Palkhar）
ラダック王国全盛期の17世紀頃に建立。チベットのラサにあるポタラ宮と同じ時期に建てられた。

8月6日。宿で仲よくなったロシア出身でタイ在住の青年とレー・パレスに登った。戦争の話はしなかった。一緒にあんずを食べて、互いの仕事の話をし、景色を眺めた。宮殿の頂上で激烈な腹痛に見舞われ、青い顔で彼に別れを告げ走り下り、カフェのトイレに駆け込んだ。間に合ってよかった。

レー・パレスからレーの街を眺める。

1か月の費用大公開

ワンマン夏休み!

31日間3か国4都市で ¥430,311- でした!

※装備や衣類、おみやげを除く

もっとお得な航空券を買えば30万円台でも行けた! 円安だけど、物価が安めで助かった。ちなみに日本発のパッケージツアーだと8日間程度で40〜80万円くらいでした。

宿や保険など安全のためのお金はケチらないようにしよう!

内訳

航空券	221,710円	安いものだと12万円〜
宿泊費	85,760円	1日2,900円
バイク関連費	34,110円	バイクレンタル12日間 +ガソリン5,000円くらい (2024年は1ℓ190円ほど)
食費	24,228円	1日781円。下痢と高山病で少食
医療費	16,763円	高山病対策の薬、抗生剤、PCR検査、風邪薬など
ビザ	13,464円	99ドルだったけど、25ドルでe-Visaが取れたらしい涙
海外旅行保険	12,100円	大事
交通費	8,411円	空港〜街のタクシーや、バンコクでの電車
入場料など	7,915円	ILP手数料や拝観料、ホーチミンの博物館など
衛生用品	4,000円	日焼け止めや生理用品など
その他	1,850円	SIM850円、 ATM手数料1,000円

合計 430,311円

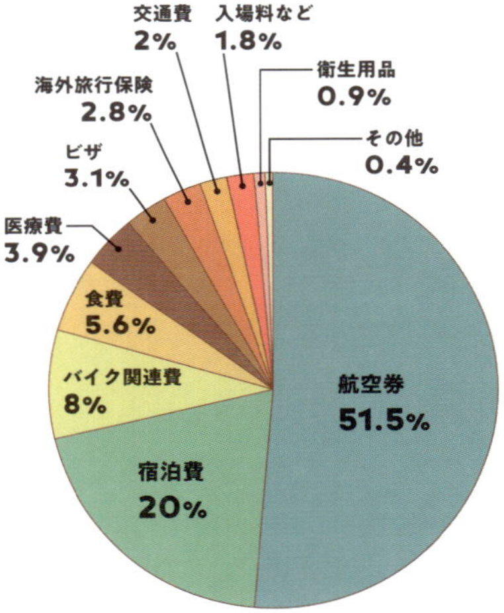

※ホーチミン3日、デリー3日、ラダック23日、バンコク2日

同時期にラダックツーリングをした友人の声

15日間で25.5万円だった。航空券16.5万、宿泊費3万、食費2万、バイク2万、あとはビザやその他。

世界一周の途中でラダックに寄ったよ。航空券抜きで、29日間で10万円以下だったよ。ツーリングは14日間。

航空券

各都市の滞在日数を事前に決めたくなくて、片道航空券をその都度買ったので、割高だった。でも自由な旅ができて満足!

①東京〜ホーチミン
②ホーチミン〜デリー
③デリー〜レー
④レー〜デリー
⑤デリー〜バンコク
⑥バンコク〜東京
計6枚(事前購入は①②⑥のみ)

※ラダックではほぼ現金しか使えず、ATMも使えないことが多いため、多めに現金を持参しよう。ちなみに私の推しATMはHDFC BANKです。

ONE MONTH SUMMER VACATION

CHAPTER

3

ONE MONTH SUMMER VACATION

TOURING

LADAKH

ラダックの
暮らしにふれる

ラダックの中心都市 レー

行きつけのチベット料理屋さんに
ハルカ!
今日は何食べる
MENU
↑ チベタンキッチン
ジュレー
今日のおすすめはね〜
チョコレート屋さん
↑ Schoko Monk Chocolates
飛行機で隣だったインド人の女性と食事したり
絵を描くのが好き
家族も仕事も手放して旅に出たの
ITの仕事しながらタイに住んだり旅したりしてるよ
宿で会ったロシア人の青年と散歩したり
道ゆく人は目が合うと必ず微笑み返してくれる
ジュレー!
にへら
今では自分から笑いかける
自分ってこんなにのびのびリラックスした人間だったんだな…
るんた ♪
ジュレー
ジュレー
るんた ♪
東京でやったら不審者になりそう

てか私
レーで生まれて育ったんだっけ？
数日の旅だと「非日常」で終わるけど
半月　3週間　1か月と過ごすうちに
日常と非日常が入れ替わっていく
第二の故郷ができたみたい
………
帰りたくないな…
KARMA
レーの日常

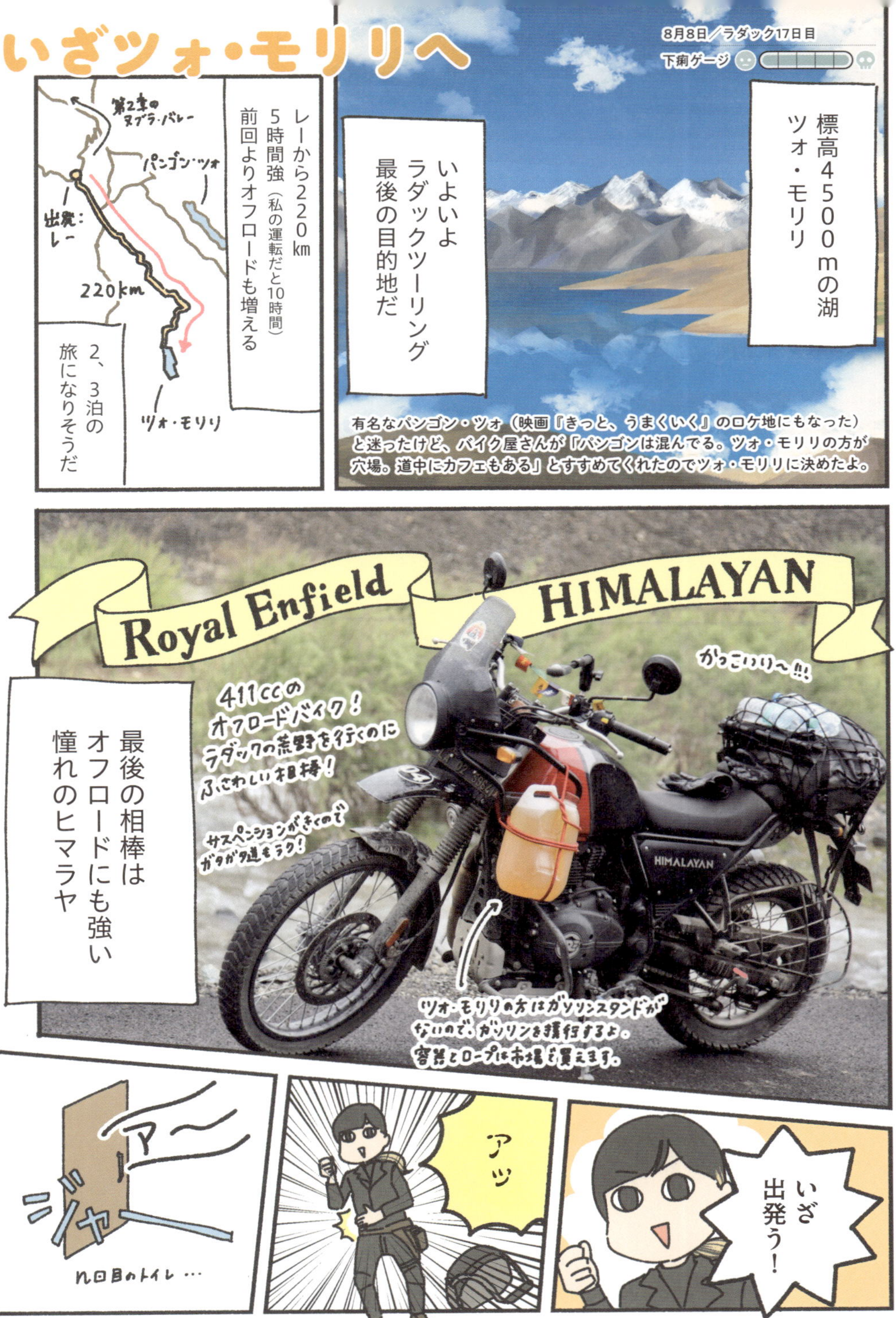

いざツォ・モリリへ
8月8日／ラダック17日目
下痢ゲージ
標高4500mの湖
ツォ・モリリ
いよいよ
ラダックツーリング
最後の目的地だ
レーから220km
5時間強（私の運転だと10時間）
前回よりオフロードも増える
第2章の
ヌブラ・バレー
パンゴン・ツォ
出発：
レー
220km
ツォ・モリリ
2、3泊の
旅になりそうだ
有名なパンゴン・ツォ（映画『きっと、うまくいく』のロケ地にもなった）と迷ったけど、バイク屋さんが「パンゴンは混んでる。ツォ・モリリの方が穴場。道中にカフェもある」とすすめてくれたのでツォ・モリリに決めたよ。
Royal Enfield HIMALAYAN
最後の相棒は
オフロードにも強い
憧れのヒマラヤ
かっこいい～!!!
411ccの
オフロードバイク！
ラダックの荒野を行くのに
ふさわしい相棒！
サスペンションがきくので
ガタガタ道もラク！
ツォ・モリリの方はガソリンスタンドがないので、ガソリンを携行するよ。
容器とロープは市場で買えます。
HIMALAYAN
いざ
出発う！
アッ
アー
ジャ
n回目のトイレ…

また出発が遅れちゃった…
まったねー！
ルルド
レーから50km 1時間のウプシ
今日はもうここに泊まろう
翌日
オッハヨ〜〜！
クラクラする…
起き上がれなくなってしまった
すごくカラフルな部屋だった
ぎょ
最初はパツパツだったライディングパンツが
うぇぇ〜〜！
まじか〜
太もも回りを手でつかめるくらいゆるゆるになっていた
下痢のたびに体重が減ってたけど
※結局3週間で9kg痩せた…
皮下脂肪
内臓脂肪
カリ
とうとう
余剰脂肪が枯渇して体が悲鳴を上げたんだな
かろうじて食べていたものたち
チャイ
スープ
バナナ
アギヌードル（インスタント麺）
チョコ

めまいは
さすがにまずい
ぐにゃあ…
運転中
死ぬ可能性が
あるから
これは
撤退フラグ
か…?
でも
行きたかった…
ラダック滞在も
残りわずかなのに
ツォ・モリリ!
うっ
ぐすっ
うっ
うっ
リアルに泣いた
でも、生きて帰らなくっちゃ!!!
宿で3時間
ほど休ませて
もらい
やさしい〜
休んでいっていいよ
大丈夫?
これなら
バイクに
乗れるかな
帰路へ
まずは無事に
レーにたどり
着くこと!
ブオオォォォ
話はそれから
だわ…

もっと先に行きたかった。湖を見てみたかった。後ろ髪を引かれる思いで帰路についた。今振り返ると、無理しなかったのは英断。

ツォ・モリリ 無念の撤退

ツーリング中に体力の限界を迎え、断念。ツォ・モリリにはもう二度と行けないかもしれない。ひどく落胆したが、命には代えられない。
宿で長めに休んで少し復活したので、明るいうちにレーに帰ることにした。

左：宿で依頼した病人食メニュー。中：帰ろうと思ったらマーキングされてた（狂犬病リスクがあるのでうかつに近づけない）。右：宿の外で涙を乾かしていたら、集落の人に会い、しばしおしゃべり。とても和んだ。後日レーの市場で再会した。

各地で急速に進められている道路の延伸工事に従事する人々（おそらく）。ラダックでは誰もが、手を振ると笑顔で返してくれる。レーに戻る頃には「今日もよい日だった」と思えるようになった。

解決策
高級ホテル（1泊6000円）で療養！
入院ホテルと呼んでいた
Happy Driftersはドミトリーしか空きがなかったため、向かいのホテルに駆け込んだ。
HOTEL NAMGYAL PALACE
浮いちゃいけなさそうな骨が浮いてるのですが…
骨感やべえ…
自主規制！
丸顔もげっそり
このまま行くと餓死するんじゃないかと思った
ザアァアアアア
温かいシャワー
again!
サアアアアアアア
神!!!
大きなふかふかベッド…
ぼっふん
=3
だいありーあ止まらなくてー
(Diarrhea下痢しっかり覚えました)
また──？
HA HA HA
病院（2度目）
下痢止め
整腸剤
経口補水液
LEH SPRING
Oral Rehydration Salts IP ORS
IFILAC

うまぁ
あったか〜いチャイ
ほか…ぁ
ごはん入りやさしいお味の野菜スープ
Horel Namgyal
天国か!?
おなかを壊してるので野菜と米を使ったやさしい味の何かをください
と伝えたら
OK, No spicy ね!
いつでもコールしてね〜!
ホテルの方が作ってくれた
(こうやって頼むとレストランとかでも対応してくれるみたい)
ウマー!
おかわりください
1日半の〝ホテル入院〟のおかげで
えなじー!!!
復活!
…てことにする!
最後はドデカいどんぶりみたいな器で出てきた
ウマー!!
おかわりください

8/15早朝の飛行機で帰る
14はおみやげ購入&予備日なので…
8/11〜13の2泊3日が限度!
片道220km10時間の旅…間に合うか!?
これなら行けそう…!
出国までギリッギリ
2泊3日ツォ・モリリチャレンジ!
※8月11日 実質残り3日半
つくづく諦めの悪い人間だ
でもこの自分の往生際の悪さ
嫌いじゃないぜ…!
準備っ!
ツォ・モリリ方面はインターネットも繋がらない
心して行こう
※Googleオフラインマップをダウンロードしておいたよ
いざ
最後の旅路へ

8月11日／ラダック20日目

下痢ゲージ

思いがけないホームステイ

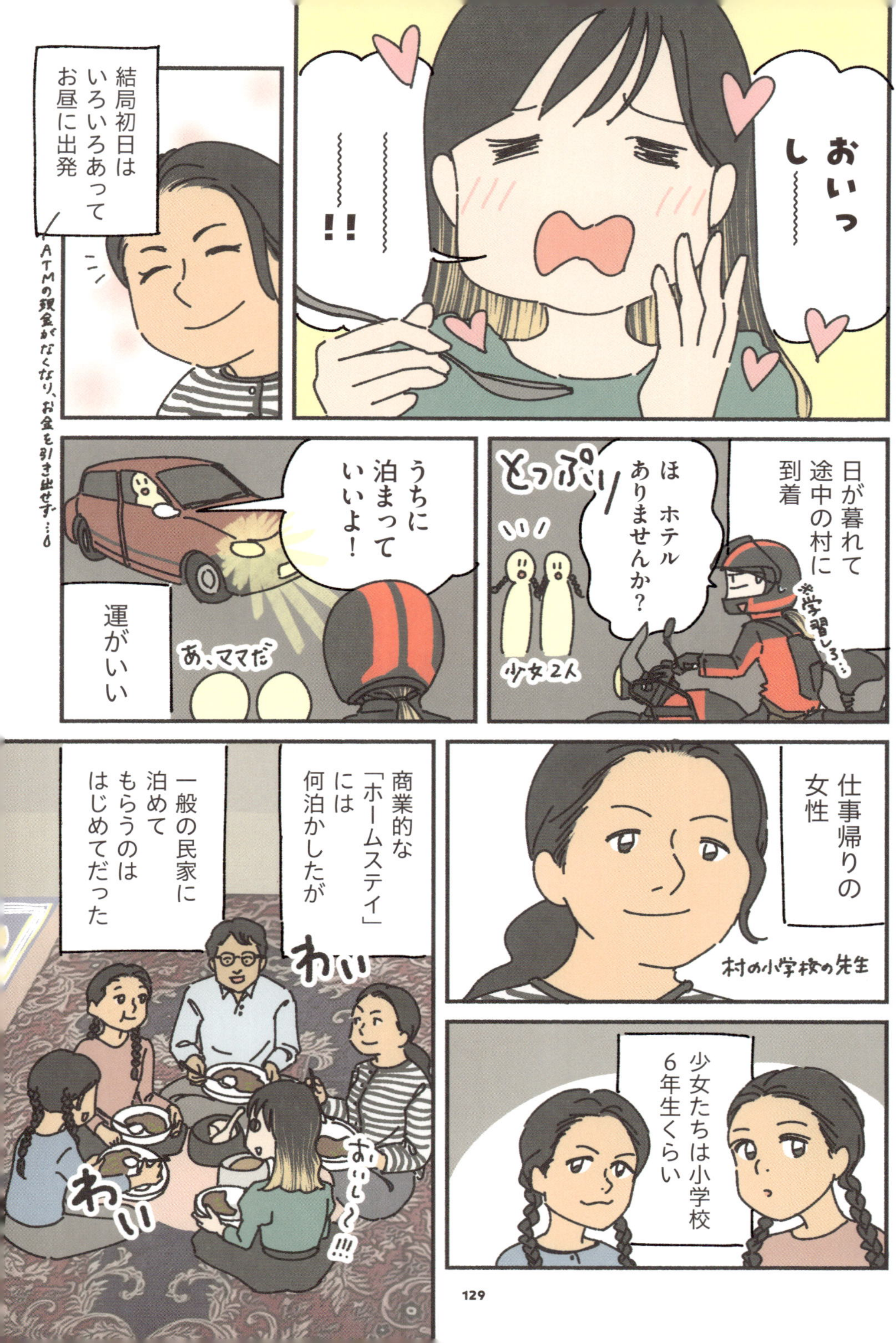
おいっし〜〜〜
〜〜〜〜!!
結局初日はいろいろあってお昼に出発
ATMの現金がなくなり、お金を引き出せず…。
日が暮れて途中の村に到着
とっぷり
ほ ホテルありませんか?
少女2人
※学習しろ…
うちに泊まっていいよ!
あ、ママだ
運がいい
仕事帰りの女性
村の小学校の先生
少女たちは小学校6年生くらい
商業的な「ホームステイ」には何泊かしたが
一般の民家に泊めてもらうのははじめてだった
わい
わい
おいし〜!!!

パッ
あっ
停電!
もとより電気が使えるのは19〜23時と思われる
コト
すっく
よいしょ
それでさー
学校でねー
へえー
何事もなかったかのように談笑してる…
明日の放課後は何するの
えっとねー
よくあることなんだな
ザァァァ
トイレ?
こっちだよ〜
サァァア

ギィ
毎回外に出てるのか
※インドローカルスタイルの高床式トイレ
夜中とかおなか壊した時とか大変だなあ
おなか壊しがちな人→
上下水道もないので溜め水で手洗い炊事
チョロロロ
シャカ
あはは
ペ
わー
玄関で歯を磨く
シャカ
ペ
私たちはキッチンで寝るから
おやすみ～
寝床まで譲っていただいちゃった…

サァアアアア
トン
トン
トン
トン
トン

のし のし
えっ 朝からチャパティ焼いてるの？
そうよ～
じゅううう
直火でも焼いてた！
野菜も庭で育てたの
全部手作りなんだから
しみる…
疲れた胃腸にやさしい野菜スープ
手作りチャパティ
チャパティでスープの具をはさんで食べるよ！
わあ 宿題？ 見てもいい？
いいよー
これは算数…に英語… これは？
ヒンディー語！
へ～！
これは仏教
え これ書いたの めっちゃきれい！ すご！
どの教科が好きなの？

全部
勉強全部好き！
サアアア
気をつけてね
雨が上がることを祈ってる
バター茶も持っていきなさい
帰りに寄って返してくれたらいいから
ジュレー!!
バター茶
ラダックでよく飲まれているお茶、
塩、バター、ミルクが入って
いて、しょっぱい。はじめは
慣れないが、だんだん
クセになるウマさ。

※ステイ先には相場より高めの宿泊・食事代にあたるお礼をお渡ししたよ!

インドでトイレを考えた

どんなトイレでも用を足せるようになると
なんだか自信がもてるよ!

トイレは奥深い。下痢で人一倍トイレに駆け込んだ私による、ラダック（およびインド全般）でのトイレ体験をまとめた。トイレを通じ、社会についても考えてみた。インドをはじめ海外旅行をする人の参考になればうれしい。

洋式

ハンドシャワーの使い方

東南アジアや中東など幅広い地域のトイレにある。レバーをやさしく引いて、おしりを洗う。水浸しになるが慣れると爽快。水圧が強いことが多いので注意。

普通の洋式トイレ

庶民的なレストランや安めのホテルのトイレ。紙は流せないことが多いが、ゴミ箱があれば捨てられる。水浸しの場合があるが、慣れれば気にならない。

立派な洋式トイレ

空港、高級ホテルや高級レストラン、外資系ショップのトイレ。きれいだし、紙を流せることもある。快適。

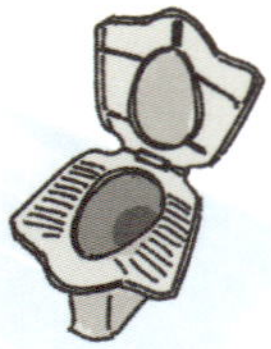

ハイブリッド式トイレ

洋式とインド式のハイブリッド式トイレ。レア。洋式に慣れない人でも、しゃがんで使うことができる。

トイレは社会・経済・人権の基盤

経済発展の著しいインドは人口が14億人、携帯電話の契約数は11億以上あるが、5億人がトイレのない生活をしている。私に家のトイレを貸してくれたような人ばかりじゃない。日常的な野外排泄には、感染症や怪我、性犯罪、（特に女性の）教育や労働の機会損失など、多くの問題がある。

モディ首相が「スワッチ・バーラト（きれいなインド）」という野外排泄ゼロ施策を実施し、5年で1億以上のトイレを設置したが、溜まった排泄物の処理に手間と費用がかかるため、使われなくなったトイレも多いという（その点ヒマラヤ地域の高床式トイレは循環型システムとしても優れているかも）。

1か月海外にいて、普段、清潔で安全なトイレにいつでもアクセスできることが、いかに心身の健康と尊厳を守ってくれていたのかと実感した。トイレ先進国として、インドで浄化槽や簡易トイレの導入を進める日本企業もあるそうだ。インド社会のさらなる発展はトイレにかかっているのかもしれない。

トイレって
生きることそのもの
尊厳そのものだ

あると便利なもの

トイレットペーパー
つぶしてコンパクトに
必需品！

ゴミ袋
使用済ペーパーを持ち帰る

ウェットティッシュやおしりふき
レーの商店どこにでも売ってるよ

腹痛・めまいに加えて
1時間ごとに
トイレに行く必要のある
生理中がつらかった〜！
タンポンと鎮痛剤で
乗り切ったけど…

インド式

簡単

おなかを壊してばかりで
トイレとお友達
ぎゅるるるる

1

和式トイレと逆向きにしゃがむ。穴の上におしりがくるように。

2

不浄の左手

手桶の水でおしりを洗い、便器の中を流す。私はついティッシュで拭いてしまうが、慣れると快適らしい。

おしりを洗うためのおけ

インド式トイレ

観光地から田舎まで、さまざまなところにあるトイレ。インド以外の中東地域でもよく見かけるタイプ。水洗式のものも、手桶のみのものもあり、左手でおしりを洗う。基本的に紙はない。中途半端な洋式トイレより清潔。

高床式トイレ

ラダック語ではデチョット、英語ではローカルトイレットとも呼ばれる。乾燥寒冷のヒマラヤ地域、特に民家によく見られる、ドライタイプのトイレ。きれいなところだと本当に無臭で清潔。排泄物は肥料になるため、エコ。紙は捨ててはいけない。

……

青空トイレ

辺境に行くほどトイレは少なくなる。されど、生理現象は待ってはくれない。道路沿いの草むらや、バイクの陰で。人が来ないかどうか不安だった。乾燥しているのですぐに乾く。大はしなかった。

汚いトイレ（イラスト自粛）

結局のところ汚いトイレが一番難度が高い。街や観光地の公衆トイレは相当なものだった。満足に手を洗うこともできないので、ウェットティッシュ必須。

フタがないレッツ空気イス

難しい

PHOTO DIARY

天空の湖ツォ・モリリへ、再び

最後のラダックツーリング
1、2日目の道のり

雨がつらかったが、道中に集落を見つけると、何かあった時に助けを求められるのではないかと感じ、少しホッとする。

ホームステイ先でいただいたバター茶でエネルギー補給。

食事中、急激な眠気に襲われうたた寝していたら、レストランの方の部屋で休ませてもらえることに…涙。

レストランの方。たくさんの人のおかげで旅ができている。

片道220kmの道のり。舗装路なら3〜4時間で着くだろうが、慣れないオフロードに雨も加わり、なかなか前に進めない。晴天の場合だと写真撮影が捗りすぎて前に進めないのだが笑。

CHAPTER 4

ONE MONTH SUMMER VACATION

ONE MONTH SUMMER VACATION

TOURING

LADAKH

標高 4,500m、
天空の湖を目指す

最後の峠越え

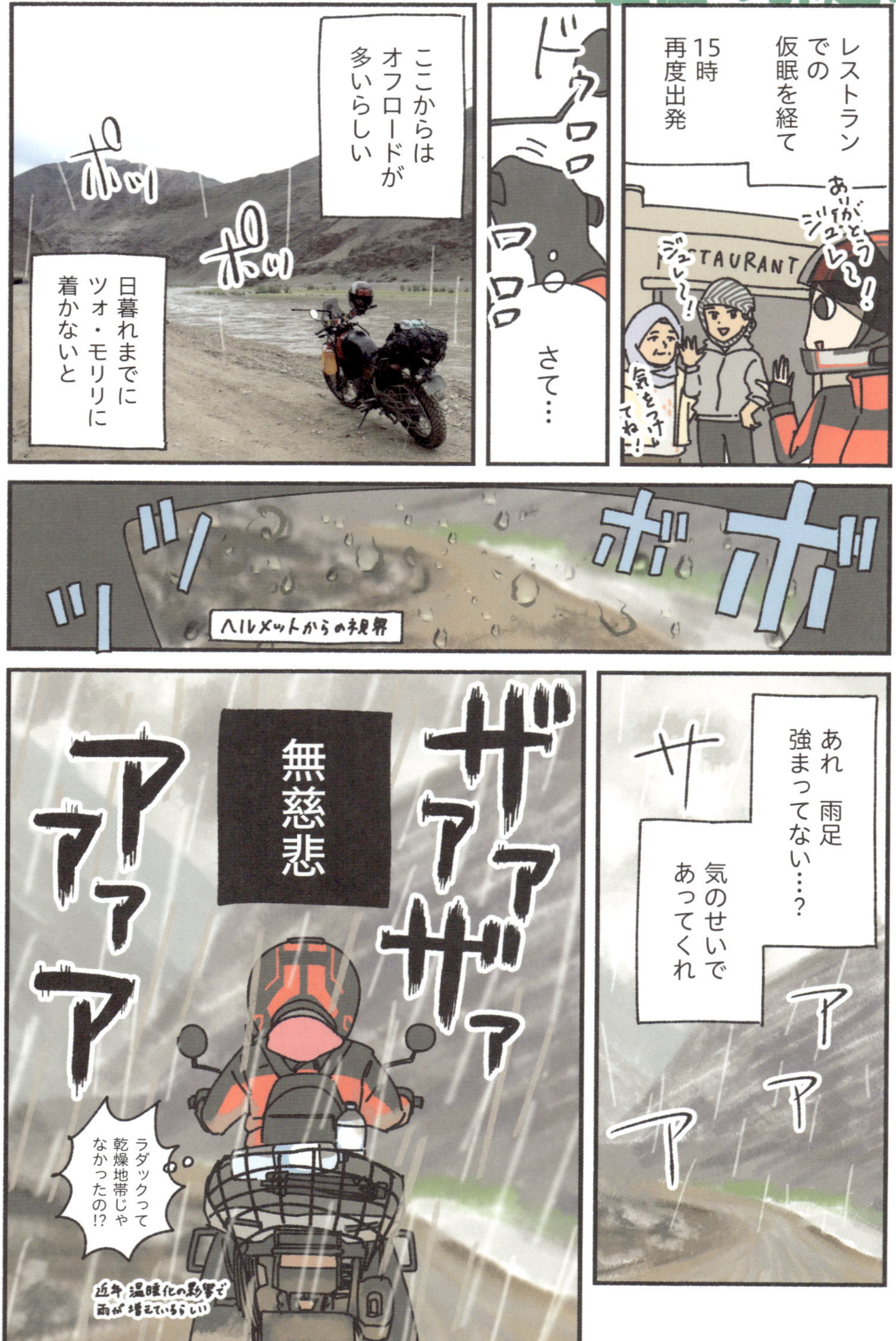
レストランでの仮眠を経て15時再度出発
RESTAURANT
ありがとうジュレ～！
ジュレ～！
気をつけてね！
ドゥロロロロロロ
さて…
ここからはオフロードが多いらしい
ポツッ
ポツッ
日暮れまでにツォ・モリリに着かないと
ボボ
ツツ
ヘルメットからの視界
あれ 雨足強まってない…？
気のせいであってくれ
サアアア
ザアアザア
アアアア
無慈悲
ラダックって乾燥地帯じゃなかったの!?
近年 温暖化の影響で雨が増えているらしい

ええ
そっち行くの…
あの土砂の上
走るの…
土砂の山、フッカフカ！
※生身のバイク乗りにとって雨って地獄なんです。そのうえドロドロのオフロードときたら…！
バッ
シャ
アア
やめて
ええええ
第2章のツーリング
ヌブラ・バレーの時も結構雨降ったけど
その時より
ヤバい
でも止まるのもムリ…
ザァ
ザァ
ア
びしゃ
雨ガッパ着る余裕もない。
イージスの防水力で乗り切る。

ザァアアア
ドルッ
ドルッ
ドルッ
ドルッ

越えるのか…
この雨の中…
アアアアア
標高4800mの峠を…
ドルッ
ドルッ
ナムシャン・ラ
Namshang La

ちょっと もう
寒いし冷たいし 酸素うっすいし 先が見えないし 体力限界だし
サァァァァ
心折れそう
でも 引き返すにしても 今は道が悪すぎる
サァァァァ
2日目
ホームステイ
レストラン
イマココ!
ゴール
結構走って きちゃったし
一応車通りは あるから 最悪助けを 求められる
バイク置いて 乗せてもらうとか
何かあれば さっきの レストランに 戻れるとして
ババシャァァ
ごく…
進もう…!
意思決定に 他人を巻き込まないから
その点では 仕事より 気が楽だな
なんて
事故や怪我にはより一層 気を付けなきゃだけど
ドゥルルルルルル
できるだけ水たまりを 避けて走っている

ってー！
で〜〜ん！
避けようのない水たまり〜〜〜
あっでも
バシャアァ
深さは大したことなさそう…
みぞれ雨の谷渡りも高山病の峠越えもできたんだ
安全に着実に
ギウルーン
ギア1速で
きっと渡れる！
思い切り
バシャアアア
足が濡れないようによけてる

ドッドッ
渡れた…
渡れるぞ 水たまりも 川も
ドッドッドッドッ
やるじゃん
私…
いつも自分のことダメだと思ってた
あああ
アあ
仕事ができなくて落ち込んでばかり
えっと あ、そ、それって〇〇ってことですかね
しーーん
あっ すみません
自分の「できなさ」が際立ってきたなあ
会社が向いてないのかなあ
いや社会人そのものが向いてないのかも
でも今は
決死の旅の
相棒なんだ
行ける
雨も止んできた
この調子なら!

ナムシャン・ラ（Namshang La）標高4,800m

キャガル・ツォ（Kyagar Tso）標高4,705m

ツォ・モリリが見えてきた

見えてからが遠かった…
全然近くならない富士山か!!?
ここ軍事施設じゃん
村の入り口どこ〜!
道まちがえた
村、反対側や
19時15分暗くなりかけていたが
ツォ・モリリの村(コルゾク)に到着
ゼェハァ
ゼェハァ
満室だよ
満室だよ
満室だよ
満室だよ
※ちょうどインドの連休にかぶってしまったのだった…
ツォ・モリリに着けるか定かでない&電波圏外エリアのため、宿を予約してなかった人
ガーン
雨の中必死で走ってきたんだけど
宿がなくて…もう疲れて動けなくて…
ハイどうしたの
OK ホテル探してくるから
ここで休んでて
!!?
インド人観光客の方

彼らは村の奥の方
（標高4500ｍかつ上り坂なので歩くのが大変）まで
宿を訪ね歩いて
部屋を見つけてくれた上
荷物まで運び入れてくれ
持つよー
インド楽しんでー
お礼も何もいらないからと去っていった
むたば
疲れ切った体にやさしさがしみる
たくさんの人のおかげで旅できてるなあ…
何か返せるわけじゃないのに
こんなにたくさんの人に助けてもらって
仕事より気が楽とか言ってる場合じゃない
絶対無事に帰らなくちゃ

シャワー奮闘記

寒く乾燥した高山地帯ラダックでは、温水シャワーは貴重だ。ではどのように体を洗うのか、参考にされたい。（ラダック以外の一般的な海外旅行でも応用可）

Lv.1 お湯

お湯シャワー。それは神。仏。レーのちょっとよいホテルなら、きっとお湯シャワー。安いホテルだと、宿泊客が多い時や雨の時は、水シャワーになりがち。最初はお湯でも、途中でお湯が切れて水になることも多い。

Lv.2 バケツシャワー

シャワーは水だけど、コンロで沸かしたお湯をもらえるパターン。最初は戸惑ったが、髪さえ水シャワーで洗えれば、バケツ1杯のお湯で全身洗える。この「バケツ1杯で全身洗える」経験は、自分に自信をもたらしてくれた。

Lv.3 水シャワー

レベル3と書いたけど、よくある。夏でも夜は気温1ケタになるので、水シャワーは正直きつい。胴体や心臓周辺は諦めて、髪、足、デリケートゾーンだけ洗っていた。乾燥しているので髪は無理しなくてもよかったかも。持参したドライヤーに救われた。ドライシャンプーがあってもよさそう。

Lv.4 シャワーなんてない

シャワーなんて甘え。水シャワーですら贅沢。乾燥地ラダックでは水そのものが貴重なのだから。この場合はウェットティッシュが大活躍。現地でも買える“赤ちゃんのおしり拭き”は肌にもやさしくてよかった。トイレでも使うので、必ず携帯しよう。

チュマタン温泉

P128のホームステイ先の人に連れていっていただいた。お湯！　地下から湧き出るお湯！　個室でぬるくした温泉を浴びることができ感動。ツォ・モリリに向け英気を養うことができた。

ついに、天空の湖へ

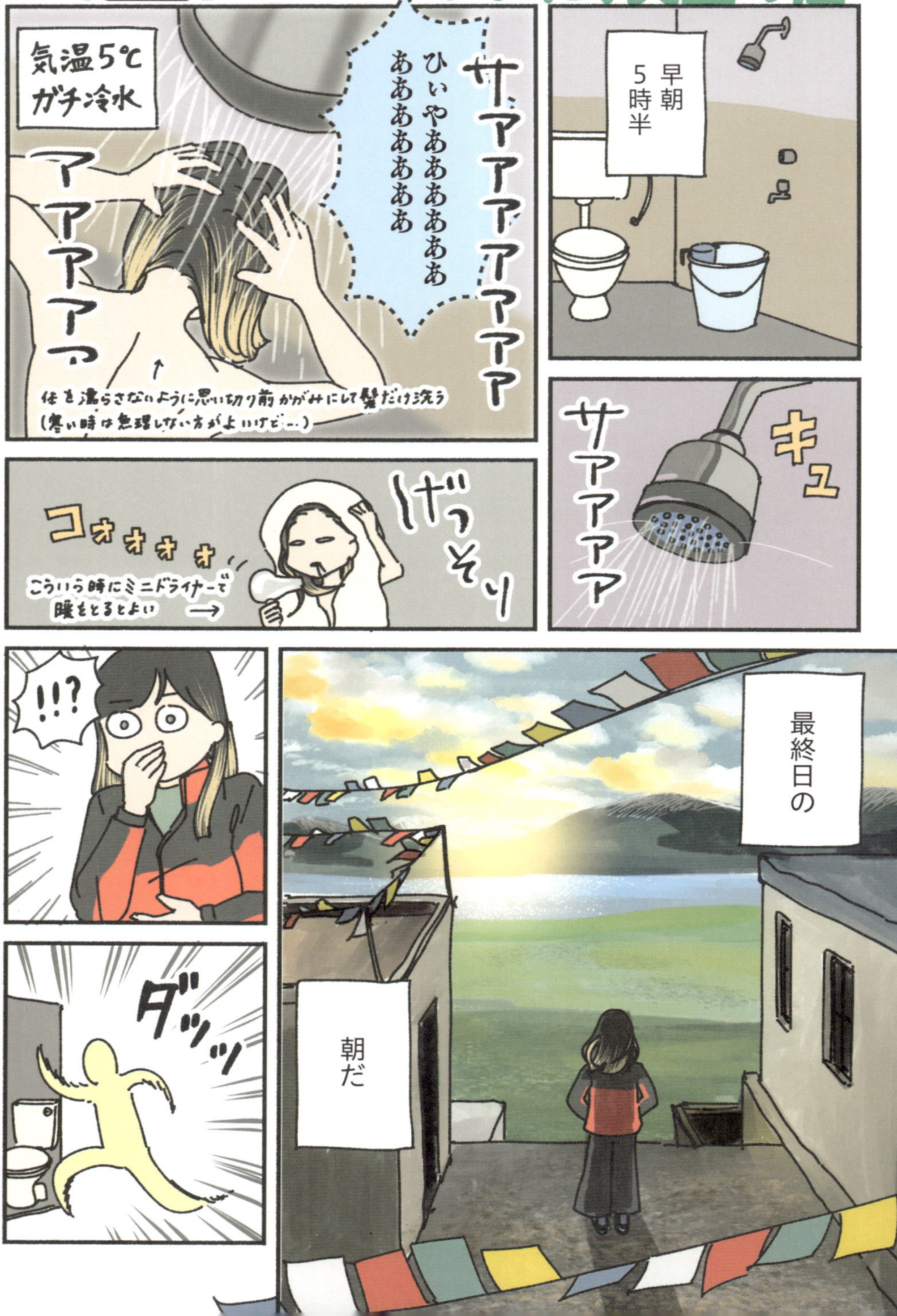
早朝5時半
キュ
サアアアア
気温5℃
ガチ冷水
サアアアアアアア
ひぃやああああああ
ああああああ
アアアアっ
体を濡らさないように思い切り前かがみにして髪だけ洗う
(寒い時は無理しない方がよいけど…)
げっそり
コォォォォ
こういう時にミニドライヤーで
暖をとるとよい →
最終日の
朝だ
!!?
ダッッッ

※ツォ・モリリにはガソリンスタンドがないので携行してきたガソリンを給油.

※ダイアモックスも飲んでたが…

最終日は悲願の晴れ
湖を一望できる場所へ

結構オフロード
だけど
ドゥ

雨じゃないってだけで
どんな道でも走れそう
ロロロロロロロ

この旅で少し強くなれた気がする
ドッドッ
うお
いや
普段は埋もれてる自分の生命力に
気付けたというべきか
結構高いな
ドッドッドッドッ
周りと比べてどう　とかじゃなくて
ドッドッ
ただ目の前の道を走りたくて
でも行けるな
ドルン
まだ見ぬ景色を見たくて
ドルルルル
体はボロボロでも
こんなにも
エネルギーに満ちあふれてる!

わあ…
ついにたどり着いた標高４５００ｍの天空の湖

この景色が見たくて
朝から晩まで雨のオフロードを走ってきたんだ

湖まで降りてみた
ザザザ
ン
大きい
まばゆい
寒いので着込んだ
普段とらわれてることが
かき消されそうなくらいに
誰かについていくんじゃなくて
自分でここまで来られた
いろんな人の手を借りつつ…
人生でこういう瞬間をもてたことを
誇りに思うよ
一旦宿に戻って荷物取って帰ろう
帰りにキャガル・ツォも寄れるかな
行きに通りがかった湖
ブロロロロロ

ドッドッドッドッ
道をそれてみようかな?
ちょっと…
……
ドゥロロロロロッ
こわ!こわ!
のけぞりッ
だけど
思ったより急勾配
お
お
んがく
よっ…と
ドルルル
バアアアア
走れる!!
ヴォンオオォ

自由だ

なんだ
道をそれたって大丈夫なんだ
どこへでも走っていけるんだ
本当はきっと

ああ　1か月の
旅が終わる
キャガル・ツォ
Kyagar Tso

思えば遠くへ来たものだ
ここが私の旅の終着点になるわけだな
ここまで連れてきてくれて
ありがとね…
ヒマラヤちゃん…

旅してる自分が好き
あふれかえる承認欲求だったかもしれない
ラダックに行けば何か変わるかも
現実から逃げたいだけだったかもしれない
ぐっっ
でもいいや
そのおかげでこんな世界に出会えて
心やさしい人たちに出会えて
レーへ帰ろう
たくましくてのびのびした自分に出会えたのだから
ブロロロロロ

ム
道に大きな川あり…
大雨ぬかるみじゃなければ今の私なら行ける…はず!
でも水深は許容範囲内だな
ギアは1速
あとは勢いよく走り抜ける!
ガコン
ブオオーン
ガニ股でイマイチ決まらないクライマックス川渡りー!!!
ザパアアア
極力足をぬらしたくない
とてもダサい動画

やべっ日が暮れる
ブロロロロロロ
暮れた
怖〜〜〜〜でも星きれ〜
歌いながら帰ろう…
いえいいえい
プップー
おっおー
事故らないように存在を誇示して
チッカ
チッカ
真っ暗なのでハザードを点滅させる
らんらら〜ら〜
ああぁ〜
23時
ボロッ
着いたあああ
ハルカ！おかえり！
無事でよかった
遅かったねぇ！ダル食べろ？
RECEPTION
ただいま！
こうして私のラダックツーリングは幕を閉じた
リオ・モリリ ツーリングまとめ

ROUTE

最後は天空の湖ツォ・モリリへ。有名な湖パンゴン・ツォと迷ったが、バイク屋さんのすすめでツォ・モリリに。パンゴン・ツォより穴場で、道中に休憩処も多い。キャガル・ツォも佳景。穏やかな湖畔でくつろいだ時間は、一生忘れないだろう。

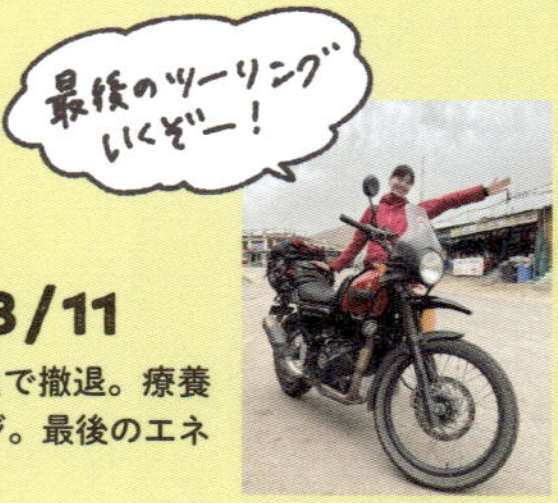

START! 8/11

1度目は体調不良で撤退。療養して再チャレンジ。最後のエネルギーを賭ける！

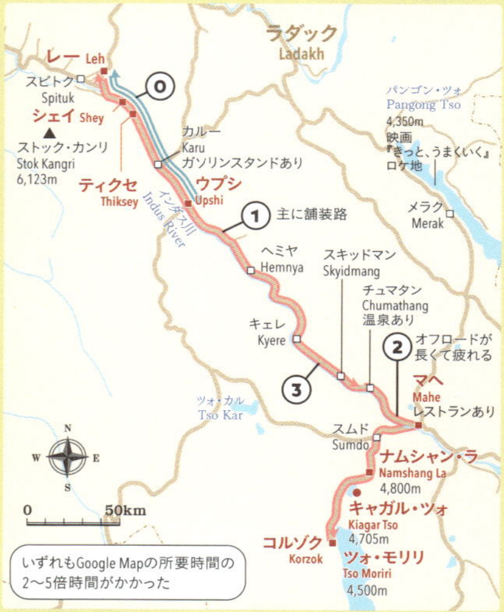

GOAL! 8/13

帰りの飛行機が迫っていたので気合いで帰還。23時着（よくない）…やりきったぞー！！

ツォ・モリリも、ヌブラ・バレーと同様ILPが必要。旅行代理店などでまとめて申請しよう。チュマタンあたりから電波がなくなる（2022年当時）ので、地図や翻訳アプリをダウンロードしておくとよい。カルー以降はガソリンスタンドもないため、携行缶でガソリンを持ち歩こう。

・・・

ツォ・モリリの湖畔にある湿地帯は、野鳥の営巣など希少な生態系があることからWWFに保護されており、車両の侵入は禁止だ。近くの湖キャガル・ツォはツォ・モリリ以上に穴場なので、ぜひ寄ってほしい。

0 DAY0 100km

意気込んで出発したが体調不良で断念。泣きながら帰る（P121）。

1 DAY1 140km

雨だが3日目の晴れに賭けて進む。道を横切る牛やゾに気を付けつつ。

2 DAY2 80km

大雨で4800mの峠越え。この旅一番の難所だった。

3 DAY3 220km

祈りが通じたのか、最終日は快晴。念願のツォ・モリリ。

もう一つの湖キャガル・ツォ。去るのが名残惜しく眺め続けた。

晴れならオフロードも怖くない。最後の旅路を味わいつつ、帰路に。

ありがとうラダック

8月14日 帰国前日
ジュレー
おみやげを買いに走り
パシュミナのストール
LADAKH
ZANSKAR・NUBRA
Lip Balm
友人にあげるリップバーム
ヒマラヤ岩塩
アプリコットオイルなど
タルチョ
いただいた祝福のカタ
命綱だった Maggiヌードル
ラダック丸ごと持って帰りたい…
ラダック産ではないけどかわいすぎる缶
定番の紅茶
TAJ MAHAL
みんなとお別れ
またすぐおいで〜
ワーン
アハハ
翌8月15日深夜3時
徹夜パッキング
どオしてエエエ
※ちなみにたまたまインド独立記念日でした
1か月近くも過ごしたラダック
ブロロロロ
本当に…
本当に帰っちゃうのか

コォオォ
ぼ
ろ

オォォオ
毎日
当たり前に
そばにいた山々
もうお別れ
なんだね…

ありがとう
ラダック
ヴィイィイ
いつか
きっとまた
来られますように
ゴォォォオオオオ

旅とバイクが好きな理由

旅は「息継ぎ」

初の海外は20歳の時、大学のバレーボール部の活動を無理矢理休んで行った、ベトナム・ハノイ2週間。同じ空の下に全然違う世界があると知り、衝撃を受けた。裕福でなくても道端で楽しそうにおしゃべりする様子に、心がほころんだ。ベトナムや韓国、香港の友人もできた。

昔からずっと、周りに合わせなければと、どこか息が詰まる感じがしていた。でも、旅をすると、全然違う価値観や文化に出会える。しかも、意外とひとりでも旅ができる。こわばった内臓が、息を吹き返す。私にとって旅は「息継ぎ」だ。

楽しくて仕方なかったはじめての北海道ツーリング（2019年）。

すっかり旅にハマり、卒業旅行で中南米を縦断し、社会人になってからもイランや南フランス、キューバなどを訪れた。苦しくなったら旅をして、また現実社会に戻る。それを繰り返してきた。

バイクを始めたきっかけ

一番最初の相棒は、大学の通学で乗っていた原付（HONDA TODAY）。50ccのバイクでも楽しかったので、大きなバイクならもっと気持ちがよいだろうと憧れた。ライダーの父の影響もあった。

大型バイクの免許を取ったのは、25歳の時。大きな声では言えないけれど、過労で鬱になり、休職していた時だった。泥のように寝て、少し元気になった時、「〝会社がすべて〟だと折れやすい。趣味を作ろう」と思った。思い浮かんだのが、バイクに乗ることだった。絵を描き始めたのもこの頃。空っぽの心に水をやるように、少しずつ自分を取り戻していった。

30歳目前でバイクを買う

はじめて自分でバイクを買ったのは、30歳になる直前。復職して5年経ち、お金も貯まり、そろそろバイクを買ってもいいんじゃないかと思った。何十軒もお店を回って出会ったのは、中古の赤いバイク。BMWのF800Sだ。北海道も九州も、キャンプツーリングも離島旅も、たくさんの〝はじめて〟を経験した。

4年乗って、もっとオフロードを走りたくなり、同じBMWのF800GSというアドベンチャータイプのバイクに乗り換えた（初代愛車とのお別れがつらすぎて寝込んだ。愛車は乗り物以上の存在になっていた）。

並行して、レンタルバイクでドイツやニュージーランドを走り、海外ツーリングにもハマった。バイクのおかげで、たくさんの思い出ができた。

バイクに乗ると強く自由になれる

バイクは、大好きな旅をもっと自由にしてくれた。車旅も自転車旅も公共交通機関の旅も楽しいけれど、バイクの自由度と機動力、行動可能距離が、私にとってはちょうどよい。「相棒」感も頼もしい。何時間も運転しながら、瞑想のように考えごとをするのも心地よい。

何よりバイクは、強くて、かっこいい。

小心者で、打合せが怖くて3時間ふとんにこもるような私でも、バイクに乗ると、自分まで強くかっこよくなれる気がする。虚栄と言われればそれまでだが、うわべのイメージを借りて、中身を支えたってよいと思う。

今回のラダックツーリングのような旅の思い出が、日々を生きる原動力になっている。

ニュージーランドツーリング

オフロード走行の練習

私の海外ツーリング準備

異国をバイクで走ると、旅がもっと自由になる。しかし、事故や怪我、盗難など、海外ツーリングは国内以上にリスクが高い。入念に準備をして、ロマンあふれる旅をしよう。

バイクを調達する

● バイクを借りる

「地名 rental motorcycle」で検索してレンタルバイク店を探す。Google Mapなどでクチコミを確認。基本的には事前にネット予約した方がよいが、ラダックなどレンタルバイク店が多い場所では、到着後バイクの状態を確認してから借りるのも手。保険はフルカバーのものを。

● バイクを持ち込む

愛車を飛行機や船で現地に送ったり、フェリーで共に渡航したりできる。コロナ禍で輸送手段が途絶えたが、最近は一部復活しつつあるもよう。

● バイクを買う

国によっては、時間がかかるが現地でバイクを買い、ツーリング後に売って帰ってくることができる。バイバックという。下調べして信頼できるお店を。

● ツーリングツアー

個人旅行よりは割高になるが、より安全かつ効率的に、見どころを押さえたツーリングを楽しめる。日本発なら道祖神やクルーズインターナショナルが有名。現地発なら「地名 motorcycle tour」で検索して探してみよう。

1か月以内ならコスト的にも時間的にもレンタルバイク。3か月を超えるツーリング、特に大陸横断や国境越えをするなら、バイク持ち込みや購入が選択肢に入る（私もいつかやってみたい）。難度の高いエリアに行くならツアーが安全。

スキルを高める

● 海外ツーリングに必要なスキル

① 旅スキル（トラブル対処、危機回避、外国語コミュニケーション、宿や食事の調達）。② バイクスキル（オンロード/オフロードの運転スキル、整備スキル、スタミナ）。①は海外ひとり旅経験、②はツーリングやオフロード走行経験によるところが大きい。私は当時①は18か国ひとり旅経験があったが、②は数年のオンロードツーリング経験のみで、オフロードスキルや整備スキルはなかった。そのため最初は道が整備されたエリアを走るようにしたり、渡航前にモトクロス練習会に参加したりした。最初は行ったことのある国で、街の近くを少し走ったり、交通量の少ない島や田舎で原付を借りたりするところから始めるのもよいかも。

リスク対策をする

- **Google翻訳など**

渡航先の言語と日本語を事前にダウンロードしておく。電波がないところでも会話できるように。

- **Google Map や Maps.me など**

ツーリングするエリアのオフラインマップをダウンロード。電波がなくても道に迷わないように。友人のアイデアだが、電波のあるエリアならツーリング中にGoogle Mapの位置情報を家族に共有するのも手。スマホを失くした時にも役立つそう。スマホバッテリーも必須。

- **海外旅行保険は英語版の付保証明書も持参**
- **パスポートのコピーと、分散した現金を所持**
- **事前に渡航先の交通ルールを予習**
- **渡航先の大使館や救急車の連絡先を確認**
- **ガソリンスタンドとバイク修理店を確認**

準備する

- **国際免許証**

運転免許試験場などで、事務手続きのみで取得できるが、ジュネーブ条約加盟国でのみ有効なので、渡航先のルールを確認すること。

- **ヘルメットやバイクウェア**

レンタル店で借りられることが多いが、使い慣れたギアを持参した方が快適。

- **スマホホルダー、リアキャリア、USB電源など**

事前にレンタル店に確認し、なければ持参したり、積載バッグを工夫したりする。

とにかく安全第一！

難しそうなら無理にバイクに乗らず、公共交通機関や車によるツアーなどを利用しよう。体調不良や悪天候などで危険を感じたら、迷わず引き返すこと（私もラダックでは無理しすぎたと反省しています）。無事に帰ってくることが一番大事。ご安全に！

私の海外ツーリング歴

南ドイツ（2017）

3日間／431km
BMW F800R

初の海外ツーリングにアタフタしつつ、南ドイツならではの景色や街並みを堪能。本場でBMWバイクに乗れて満足。日程に余裕があればアルプスまで足を延ばしたい。

進撃の巨人のモデルになったと噂されるネルトリンゲン。

ロマンチック街道沿いのかわいい宿。

ニュージーランド南島（2019）

10日間／2,013km
HONDA CRF1000L

素晴らしい大自然、走りやすい左側通行の道と運転マナー、英語OK、日本の冬に夏と、よいこと尽くしのニュージーランド。周囲でも人気。立ちゴケしたが、憧れのバイク・アフリカツインに乗れてうれしかった。

いざ、マウントクックへ。

キャンプ場も充実している。父のテントを奪…借りて、キャンプツーリングも。

トルコ（2023）

26日間／3,000km
HONDA CRF250L

多様な宗教、文化、人種が入り交じる魅惑の地、トルコ。モスクあり遺跡ありグルメあり絨毯あり下痢なしで、満喫した。何より人がフレンドリー。バイクレンタル店は少ない。

カッパドキアにて、日の出と共に気球を追いかけ走った時の1枚。

アスペンドス水道橋。至る所にローマ時代の遺跡がある。

バイクで走ってみたい国は尽きない。キルギス、モンゴル、インド、東南アジア周遊、イラン、メキシコ、グアテマラ、南米周遊、アルプス、アイスランド、地中海周辺、モロッコ、コーカサス…。日本もまだまだ走りたいし離島巡りもしたいし分割でも世界一周したいし。休みがいくらあっても足りない…！

気になる国があったら、「国名 ツーリング」「国名 motorcycle travel」などと検索し、情報収集を！

ラダックで泊まった宿

帰る時に描いたカード

Happy Drifters
（レー）※2024年時点休業中

ラダック旅の拠点にしていた宿。リーズナブルでフレンドリー。お湯は不安定だがそれを補ってあまりある居心地のよさだった。

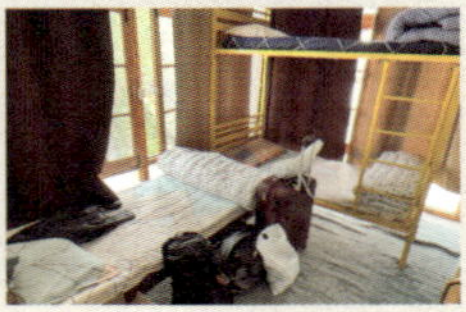

MOROL HOME STAY
（トゥルトゥク）

食事あり、Wi-Fiと電気は19～23時。冷水シャワーとバケツのお湯に初チャレンジして、ひと皮むけた。

壁に描いたので探してみてね↓

Mentok Retreat A Luxury inn
（ディスキット）

大雨ヌブラ・バレーツーリング初日に宿泊。1泊5,000円ほどでゴージャスな部屋と食事付き。インターンの学生さんやフランスのツーリンググループとのおしゃべりが楽しかった。

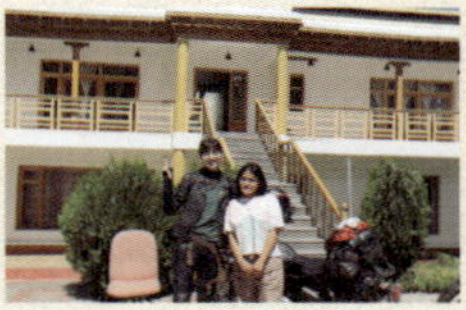

入院ホテル

Hotel Namgyal Palace（レー）

体調悪い時の入院ホテル。6,000円ほどで豪華な部屋に泊まれる。野菜スープを作ってもらい、生き返った。

Khardong la restaurantの HOME STAY
（カルドゥン）

カルドゥンで泊まった宿。メイン通り沿い。電気とWi-Fiは19～23時のみ。シャワーなし。お母さんが最後に祝福のカタをかけてくれてうれしかった。

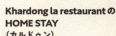

ラダックで食べたもの

チベットに由来する伝統料理が主流だったが、インド本土の影響でダール（豆カレー）と米の食事なども一般的。

おいしかった!!

チベット風

左：トゥクパ（煮込み料理の総称）。スパイス疲れした胃袋に、スープがしみた。下：モモ（モクモク）。チベット風の蒸し餃子。

チョウメン。中国発祥の焼きそばのような料理。

インド風

上：カレーや煮込みにチャパティが付くことも。下：ダール。米はインド本土から輸入。

不調時にお世話になった食事

高山病と下痢で刺激の強い食べ物を体が受け付けなくなり、スープやおかゆに頼っていた。レストランでもホテルでも、「おなかにやさしいものを」とオーダーすると作ってくれる。

思い出の味

常宿Happy Driftersのしょうがスープとマギヌードル（インドの国民的なインスタントラーメン）の辛さ抜きで命を繋いだ。

お世話になりました…

宿で作ってもらった病人食。外に行かなくて済むのもありがたかった。

食べ慣れていてすぐにカロリーを補給できるバナナとチョコが最強だった。ツーリング中の行動食としても重宝した。

インド風のチャイはラダックでも一般的。手軽に糖分をとれて助かった。

ONE MONTH SUMMER VACATION
旅
STYLE
2
ONE MONTH SUMMER VACATION

衣類システム編

【ベースレイヤー】

モンベルのメリノウールインナーと下着が超よかった。

寒〜暑対応。吸湿速乾命。

街歩き・移動・リラックスSTYLE

COOL
ラダック、25度以下

ラダックは紫外線が強いので肌を極力隠そう。帽子・サングラス必須。

HOT
タイ・ベトナム、30度くらい

タイ・ベトナムでは、風通しのよい服装で。

帽子はカラビナで腰につけておくとよい。

CITY
バンコク

１日しか着なかったけど、ワンピースがあるとテンションが上がるので毎回１枚持っていく。

【ミドルレイヤー】

ミドルレイヤーは街歩きもしやすい普段着。
かわいくて手洗いできるものが◎。

布マスク。飛行機や就寝時の乾燥防止。ツーリング時の粉塵・日焼け対策に。

ストールがあると装いのバリエが増えてよい。

リラックスウェア。必須。就寝時と飛行機にて。

【レイヤリングシステム】

CHALLENGE

- 山岳地帯をバイクで走る
- タイ・ベトナムにも寄る
- 1か月間
- 0° C〜30° C
- 街歩きもしたい
- トレッキングもしたい

この条件を全て満たす衣類システムを考えよ！

SOLUTION

どんな気温・気候にも対応！

登山ウェアの活用
軽量で高機能！

アウターレイヤー
気候から守る。

ミドルレイヤー
気候から守る。

ベースレイヤー
吸湿速乾で汗冷えを防ぐ。

ツーリング・アウトドア STYLE

RAINY

雨、みぞれ、雪

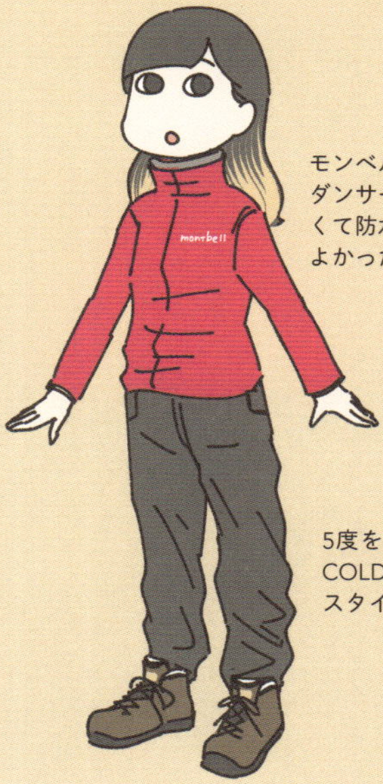

モンベルのレインダンサー上下、軽くて防水でとてもよかった。

5度を下回る時はCOLD + RAINYスタイル。

COLD

15度以下　標高4,000m以上

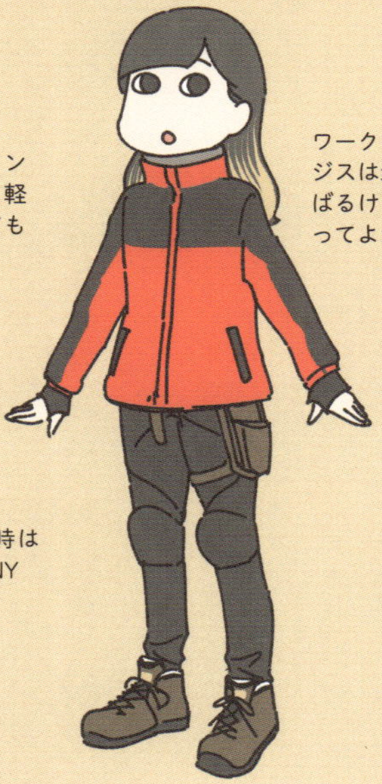

ワークマンのイージスは最高。かさばるけど持っていってよかった。

NORMAL

15〜25度

革ジャン×革パンが好き。機能性よりも着たい服！

【トレッキング】

おなか壊しすぎて山歩きは叶いませんでしたが…涙。リベンジしたい。

北海道美瑛でいただいた暖かいネックウォーマー

ユニクロのポケッタブルパーカ。ちょっと肌寒い時に。

日焼け対策必須！ネックカバーとアームカバーを。

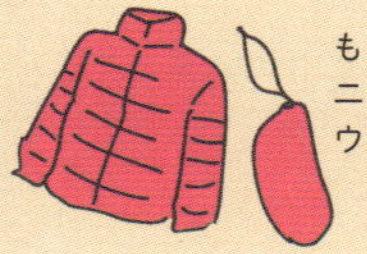

もっと寒い時はユニクロのライトダウンを。

キャラバンのグランドキングGK84。バイクもトレッキングも行けて防水で最高。

持ち物一覧編

服とバッグ

1

1：ワークマンのイージス透湿防水防寒スーツ。よすぎて2代目。かさばるから悩んだが持参してよかった。防寒系は圧縮袋を活用しよう！　2：RIDEZのレザージャケットは相棒　3：ROUGH & ROADの レザーパンツ。奇跡のジャストサイズ

圧縮！

2　3

ムダは省くけど、妥協はしない
好きな国で、好きな服を

1　2　3　4

コンパクトに！

1：モンベルのレインダンサー上下　2：ユニクロのポケッタブルパーカ　3：モンベルのハーフパンツ　4：ユニクロのライトダウン

モンベル最高！
軽くて高機能で
サイズ豊富で
リーズナブル

ミドルレイヤーはツーリング時も街歩きでも着られる着慣れたものを。観光もするので街歩き用ボトムスも

ベースレイヤーには吸湿速乾性の高いスポーツウェアを採用したが、今思うとすべて登山用品でよかったかも。防寒ベースレイヤーとして、モンベルのスーパーメリノウールUネックシャツとトレールタイツ。中厚手は持っていってよかった。ラダック、0度くらいになるので。3,500円くらいの登山ソックスも大正解。暖かさ、速乾性、防臭性に感動した

ヘルメットやバイクウェアは
使い慣れたもの、自分の
テンションが上がるデザインの
ものを持っていこう。

1：モンベルのロールアップドライダッフルM（40L)。ツーリング用　2：クシタニのグローブ　3：積載用ネットとロープとラチェットベルト。積載系アイテムは何種類か持参するとよい　4：折りたたみボストン。おみやげ用　5：SHOEIのNEOTEC　6：モンベルのポケッタブルライトパック10。超便利！　7：Manhattan Portageのミニショルダー。イラストは篠崎理一郎氏でお気に入り　8：JPFASHIONINGのレッグホルスター。超よかった！　9：TICKET TO THE MOONのエコバッグ。最高！

ダイソーの衣類圧縮袋はおすすめ

圧縮袋などを活用して
スーツケースの半分に押し込む

1：布マスク。乾燥・粉塵・紫外線対策。ラダックは毎日鼻血が出るぐらい乾燥しているため必須　2：友人手作りのニット帽　3：キャップ　4：水着。今回は使用せず　5：速乾性タオルは安旅に欠かせない　6：ハンカチ類　7：ストール類　8：北海道の美瑛でいただいた極暖のネックウォーマー

シューズ

性能も、街歩きOKなデザインもお気に入り。インドの人に3度ブランド名を聞かれるほど人気だった

1：キャラバンのグランドキングGK84
2：街歩きや宿用にサンダルも必須。こういうごつい系のサンダルがおすすめ
3：機内用に300円くらいの折りたたみスリッパとアイマスクも

アメニティ・コスメ・衛生用品

液体類は100ml以下の
容器（飛行機持ち込みも可）で
搭乗・液モレ対策のため
ジップロックに

化粧水・乳液・シャンプー・コンディショナーは小さい容器に詰め替えて。80mlで1か月余裕だった。インドでも化粧水やシャンプー類は買えるよ

1000円くらいの
化粧水を使ってたけど
めっちゃ美肌に。
高い美容液や美容医療よりも、
まずは健やかな心が
大事と痛感。

1：虫よけ。ラダックは涼しくて使わず　2：クレンジング、ヘアオイル、除光液、美容液、美白美容液（強紫外線対策）、洗顔フォーム、ボディクリーム　3：マニキュアと爪切り　4：サングラス。ラダックはとにかく紫外線が強いので必須！

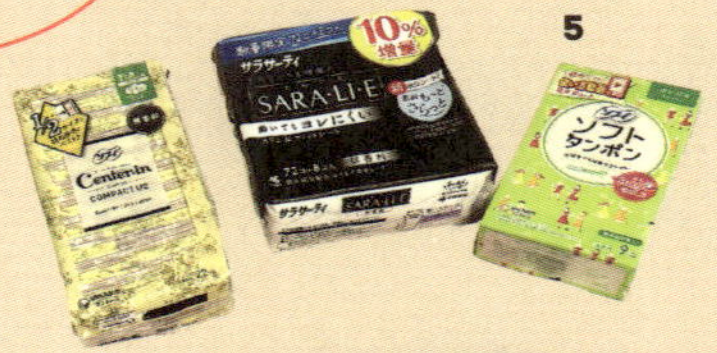

5：生理用品。インドでも1パック40円くらいでどこでも買えるけど、使い心地は日本製品が段違いによい…生理1回分まかなえる量を持っていけばよかった

1：コスメ類。いつもの　2：ミニドライヤー。海外旅行に必須。髪も服も乾かせるし、ラダックは水シャワーが多いので風邪予防にも。海外対応（100V/220V）　3：ヘアアイロン。ほぼ使わなかったけど気分を上げるため笑　4：折りたたみ傘　5：日焼け止め。絶必！　日焼けは老化のもと。強力で肌に合うものを。ラダックでもNIVEA SUNシリーズを買えるけど、日本の高性能日焼け止めは多めに持参した方がよい。ツーリング中はこまめに塗り直そう　6：歯ブラシ。現地でも買えるけど使い慣れたものを　7：塩アメ。持っていって本当によかった！　一袋全部あってもよかった。気温25度程度だけど日差しが強くて熱中症になりがちだったため　8：ワセリン。超絶乾燥して毎日鼻血が出て唇も割れてたので、あってよかった。鼻の周りと唇に塗ってた

ガジェット・カメラ・筆記用具

一眼、
360度カメラ、
GoPro×2、
スマホ×2
写真と動画に
命かけてる笑

Insta360すごくよかった！
走行動画自撮りができる。ラダックは
ドローン禁止なので重宝した

スマホはコイルコード
&カラビナで腰につけて
紛失・盗難防止

SDカード類は
防水ケースに複数枚を持参し、
紛失・破損リスクを減らす
（それでも1枚なくしたけど）

1：Canon EOS 6D & EF24-105mm F4L IS Ⅱ USMは7年愛用してるカメラ　2：充電器と予備バッテリー　3：三脚。途中で壊れたのでもっと頑丈な三脚にすべきだった　4：走行自撮り用レリーズ。うまく使えなかった涙　5：スマホ用三脚アタッチメント　6：Insta360 ONE X2　7：Insta360マウント　8：iPhone13Proは撮影用　9：iPhone12ProはSIM入れて通信用　10：自撮り棒　11：GoProHERO9と顎マウント　12：GoProHERO7は使わず　13：GoProバッテリー　14：GoPro首マウント散歩動画用　15：GoProマウント類　16：SDカード64GB×3（カメラ用）、microSDカード256GB×3（たしか）　17：カードリーダー　18：カメラ掃除系　19：バッテリー10000mAh×1、20000mAh×2。ラダックは電気の供給が限られた地域が多いため　20：USB変換コネクタ

iPadはお絵描き、PCは念のため

1：MacBook Pro。写真バックアップはSD複数枚＋スマホに取り込んで毎日iCloud保存としていたため、ほぼ使わなかったが念のため　2：iPad Pro 第三世代12.9インチ&Apple Pencil。お絵描き用。飛行機やカフェで漫画を描けてよかった

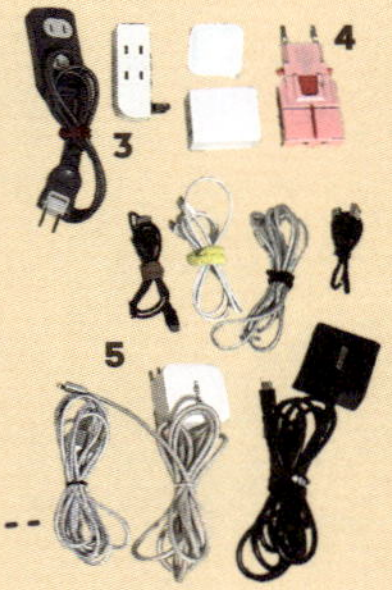

3：タコ足×2。ドミトリーに泊まる&ガジェットが多いので必須　4：変換プラグ。海外旅行に必須　5：充電器類

- USB充電アダプター×3 極力小さいものを
- PC用充電アダプター×2
- Lightningケーブル×2
- USB-Cケーブル×2
- Micro-USBケーブル×2

この量、まじでどうにかなんないかな笑

変換器とタコ足は
海外旅必須

細々したものは
ポーチや袋に
まとめるとヨシ！

絵日記は1日で終わり、
水彩画は一切描かなかった
（お決まりのパターン）

1：『ラダック ザンスカール トラベルガイド』。現在は絶版なので、『ラダック旅遊大全』山本高樹さん著（雷鳥社）をご参照ください　2：A4用紙（考え事用）　3：ポストカード。旅先で会った人にお礼のメッセージカードを描く用　4：筆記用具　5：水彩セット。一度も使わず笑　6：絵日記帳。1日しか使わず笑　7：日記帳。iPhoneメモの日記は毎日書いたけど、こちらは使わず笑　8：高度計。うまく使えず笑

薬類・ファーストエイドキット

薬類は多すぎるかと思ったが、高山病・下痢・腹痛・嘔吐・生理痛・めまい・咳・鼻水・疼痛・倦怠感・脱水・低血糖に見舞われた私にとって、持っていってよかったものばかりだ。これに加えて、下痢で入院した際に現地の強力な下痢止めや経口補水液の粉を処方してもらった。

特に持っていってよかったもの

1：アミノ酸補給。下痢による脱水・低血糖で死にそうだったのでとても助かった。もっとあってもよかった。スポーツドリンクの粉も欲しかった　2：ダイアモックス。ラダック前日に飲むのがよいので、1錠300円くらいするけど日本で処方してもらうとよい　3：痛み止め系。生理痛や疼痛に

その他

自由診療で処方してもらった抗生剤。以前インドで膀胱炎になったため。今回は平気だった。ほか、整腸剤、風邪薬、酔い止め、葛根湯や麻黄湯、持病薬も

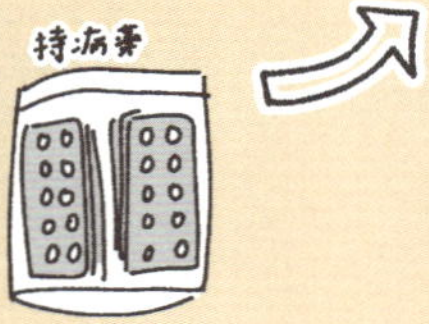

ロストバゲージ対策で手荷物と預け荷物それぞれに入れる。特に持病薬は死活問題。ツーリング時は小分けにした薬セットを持っていった

テーピングや包帯、消毒液、綿棒、ハサミ類。使う機会がなくてよかった。水シャワーやシャワーなしも多いので、ウェットティッシュ必須。ラダックでもおしり拭きが買える。ポケットティッシュはゴワゴワの紙しかないので、あると便利

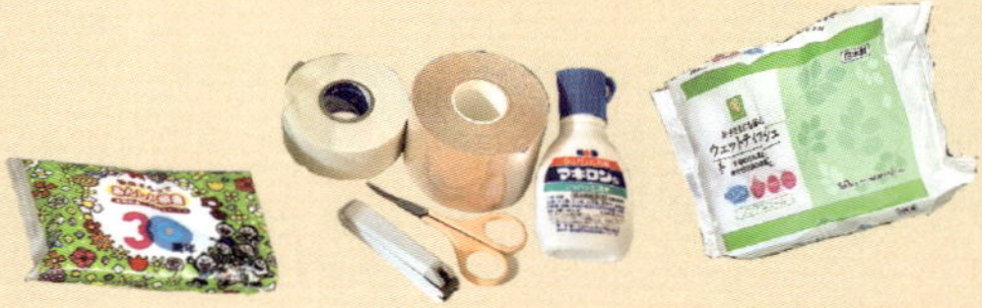

貴重品とお金の管理

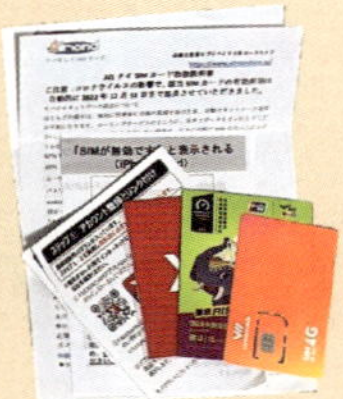

SIMカード類は事前にAmazonで購入。ホーチミン、デリー、バンコク用だったが、短期なのでeSIMにするか、楽天モバイルの海外ローミング2GB無料枠とWi-Fiでもよかったかも。ラダックではSIM現地購入

1：国際免許証を忘れずに　2：パスポート。超大事！　レッグホルスターの最下層に入れてた　3：財布は2種類。a.モンベル登山用の薄い財布。レッグホルスターにも入るのですごくよかった。日本円→ひとまず空港でドル・トランジットのベトナムドン・インドルピーに両替　b.予備財布。帰りに寄るタイバーツや日本円を入れてた　4：マイナンバーカード、保険証、免許証。ATMガチャや紛失リスクを鑑みて、クレジットカードとキャッシュカードは何種類もあった方がよい。ラダックはほぼ現金しか使えないため、基本は楽天カード（VISA）のキャッシングで現金を得ていた。よくATMの現金が枯渇するため、デリーなどで大量に現金を用意して行った方がよい。クレジットカードにも自動付帯の海外旅行保険があるが、別途きちんと海外旅行保険に加入した

おみやげ・おつかい

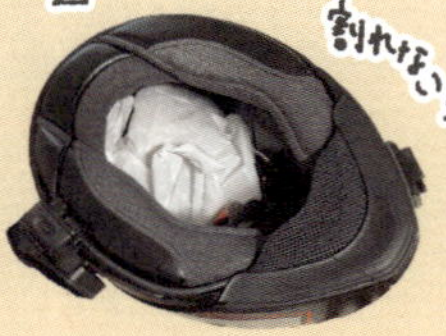
割れない!

デリーでお世話になった友人のおつかいで、茶碗セットを。緩衝材で包んでヘルメットの中に入れたので割れずに済んだ笑。帰りはおみやげのマグカップなどを入れて持ち帰った

CHELSEA
のりたま
こくまろ

デリーの友人やラダックの旅行代理店Hidden Himalaya紗智さんへのおみやげ。アメ類は自身の糖分補給と、現地で会った人にあげられるので、あるとよい

LCCの預け荷物が若干重量超過したけど無事移動できたのでヨシ!笑

mont·bell

めっちゃつめた…

機内手荷物（リュック、電化製品や書類）が8kgくらい。預け荷物（キャリーケースとボストンバッグ）が合計25kgくらいだった。預け荷物の個数追加＆やや重量超過気味で毎フライト数千円払ったけど気にしないことにした笑

持っていってよかったもの

アミノ酸補給と塩アメ
疲労や熱中症に…!
特にダイアモックスと鎮痛剤ありがとう
S字フック シャワー時などの荷物かけに
アームカバー
肌に合う強めの日焼け止め
カラビナ キャップなどを腰につける
サングラス
キャップ
ワセリン
ヘルメットのUVカットシールド
メリノウールのインナー 暖かかった…!
とにかく日焼け対策!
おかげで全然日焼けしなかった

持っていけばよかったもの

スポドリの粉
インスタント味噌汁
パックごはん
カイロ
おなかの調子が悪かったので日本食とスポドリが恋しかった! 思ったより寒かったのでカイロも。
サイドバッグやロックストラップ（バイク積載がやや不安定だったため）

ツーリングの持ち物編

カメラ・充電器類

カメラ類が多いのは写真・動画好きの性なので致し方なし笑。かさばるカメラバッグの代わりに、クッション性のある袋で持ち運ぶ。ちなみに19〜23時しか電気が使えなかったりするので、モバイルバッテリーやいっぺんに充電するためのタコ足必須。

衣類

衣類はレイヤリングスタイルで。特にモンベルのメリノウールインナーとワークマンのイージスがあってよかった。レインウェアも必須。下着は着ているものを含め2、3セットあれば十分。速乾タオルや、乾燥・粉塵対策の布マスクも。

バス・スキンケア・衛生用品

ひととおり持参。水シャワーが多いため、暖を取れるドライヤーには助けられた。常備薬や鎮痛剤、腹痛薬も必須。紫外線が強いためサングラスや日焼け止めもお忘れなく。生理用品はどこの商店でも購入できる。水分は絶対切らさないように、常に4L以上は持ち運んでいた。

貴重品類

パスポート、財布、国際免許証、予備の現金（財布とは別）は必須。貴重品類は分散して持ち歩こう。ちなみにアメは塩分糖分補給と、ちょっとしたお礼に役立った。

エピローグ

ゴオオオオオオ
ただいま成田空港に
着陸いたしました
時刻は7時35分です
シートベルトの
ランプが……
ウィイイイイン

帰ってきちゃった日本…
間もなく降り口です
足元にご注意ください
200㎞にひぃひぃ言ってたのに8200㎞はあっという間だな
ハッ
※バンコクでPCR検査済
MySOSアプリの画面を見せてください
青の方はー
はいー
全部言葉わかる
イージーモードすぎる
QUARANTINE
これを入国審査官に見せてちょ!
空港検疫所
アプリ画面
ア〜〜東京は酸素が濃ゆいですなァ!
るんらるんら
体が軽い軽いッ!!
今ならマラソン大会優勝できそう!
トイレ美しすぎ!
ワアアア
全然ここで寝られます寝かせてくださいッ
帰国後一発目何食べようかなあ…
バビューン

我が家快適すぎ！
ベッドもソファもふっかふか
建て付けバッチリ
適温適湿
24時間電気Wi-Fiあり
狭い1Kとか言ってごめん！
しかも水道水飲めるってどんな魔法！
松屋うっっっま！
全身の細胞が狂喜乱舞してるッッ
これが630円なんてありえない！
1日に2回行きました
松屋の従業員の方 全国の米農家 畜産農家 野菜農家 お味噌やお醤油の生産者の方 流通関係の方 牛丼や豚汁を発明した方 その他関係各位すべての方に心から感謝
悲願念願の銭湯！
押上温泉大黒湯
大黒湯
3週間冷水シャワー生活からの温泉極楽すぎる
お湯教を開祖しますッ
こんなにお湯使って大丈夫ですか!?東京中のお湯が枯渇しちゃわないですか!?今後はお風呂が面倒くさいなんて二度と言いません 素晴らしい上下水道ガス電気インフラとテクノロジーと豊かな水に感謝感激拍手喝采

お久しぶりです〜
1か月もお休み　本当に
ありがとうございます！
ガバァ
キ
インドのヒマラヤで
バイクに乗って
おなか壊して3週間で
9kg痩せましたわ
ガハハハハハ
ハハ
おかえりー
だ、大丈夫…？
仕事復帰するのつらいと思ってたけど
1周回って楽しい！
しかも鉄板ネタもできた
タタ幸…
帰って来られる場所があって
おなかを壊さず
おいしいごはんを
食べられて
なんて幸せなんだろう
発見
1か月も海外にいると日常生活が新鮮でありがたく感じられて幸福度が爆上がりする
長期休暇は2度おいしい
うつ治っちゃうかも〜！
ッダーン
ラダックに行けば何かが変わるかも
○○の件なんですけど
いくら旅をしても
仕事のスキルなどは変わらないわけだけど
えっと えっと なんだっけ

あの厳しい自然の中をひとりで走れたのだから　と
ささやかな自信がついて
うまくしゃべれなくても死ぬわけじゃないし
えーそれめっちゃいいですね！
恐怖心や卑屈さが薄れた気がする
ここでうまくいかなくても私がダメになるわけじゃない
わい
ジュレ
わい
だって確かにここ以外の世界があったから
にへら
ジュレー！
今では自分から笑いかける
それに行きたいところに飛び込んで
たくましくて
雨じゃないってだけで
どんな道でも走れそう
ジュレー
周りを気にせずのびのびしていて
るんだ
自分でも驚くような自分を
たくさん見つけることができたから

というか
自分のことで
いっぱいいっぱい
だったけど
普段から
周りの人たちは
やさしかったんだよな
おかえりって迎えてもらえるのってありがたいなぁ…
むやみに
人と比べて
自分を評価して
自分を一番
追い詰めてたのは
自分自身だったのかも
しれない
帰国して3か月
私は生まれてはじめて
漫画の本を作った
1month Summer Vacation
33歳、女ひとり。インドのヒマラヤでバイクに乗る。
それがこの本の
前身となる同人誌
『ワンマン夏休み』だ
久しぶりに
心から旅を
楽しいと思えて
自分が心から
楽しいと思うものを
描くことができて
わいがや
インドのヒマラヤをバイクで走ってお腹を壊したときの漫画でーす
その上この楽しさを
本を通じて誰かと
分かち合えるなんて
本当に
よかった
きっともう
大丈夫…

と思ったが
春になれば
また鬱が来た
体重も戻った
鬱の句
動けない
仕事できない
もうダメだ
同人活動の反動や
友人が急逝したとかもあった
ハードな旅と達成感で
ドーパミンドバドバって
感じだったもんなあ…
ラダックを走った私って
サイコー☆
一生スマホみて寝てる
そう簡単に
変わるわけないか
躁だっただけだったらどうしよう涙
有用でなければ
生きていけない
この価値観から
抜け出さない限り
不調や失敗のたびに
自己嫌悪に
陥るんだろうな
そして
思考の沼へ…
結論
鬱のとき
とりあえず寝ろ
考えるな
こん
こん…
夢のラダック
ツーリング
から1年
変わってないと
思ったけど…

ラダックを走れたことは
やっぱり自信になってるし
何というか生き物として…波はあるけど
自分の中の世界が広がって
少し息がしやすくなった気がする
バイク
ラダック
ベトナム
趣味
北海道
ニュージーランド
現実
いろんな旅
イラン
食
銭湯
友人や家族
心理学
絵まんが
ヴァァァァァァァ
それに
目を閉じれば
いつでもラダックに行ける
私は本当に旅が好きなのだろうか
人とちがう旅をしてる「私」!!
ほとばしる!! 承認欲求〜〜☆
イェ〜イ
"旅が好きな自分"像にとらわれているだけでは？
旅してる時の自分が好き、でいいよ
ラダックに行けば何か変わるかも…
現実逃避かもしれないけれど何かにすがりたい一心だった
現実逃避だっていいよ

息苦しいと
感じたなら
また旅に
逃げればいいよ
それで自分を
取り戻せるの
なら
自由に旅した
思い出は
ずっと
ずっと
私を照らして
くれるのだ

おわりに

このたびは初単行本『女ひとり、インドのヒマラヤでバイクに乗る。』をお手に取っていただき、ありがとうございます。

　ラダックの旅から2年が経ちました。当時はまさか、おなかを壊しながらヒマラヤを走ることになるとも、帰国後に勢いで同人誌を描き始めるとも、それが書籍化するとも、思っていませんでした。

　漫画の本を出版するのは、小学生の時からの夢でした。でも自分には無理だと、諦めていました。絵など関係ない会社員となり、休職をきっかけに始めたのが、絵とバイクです。日常から逃げるように絵を描き、すがるようにバイク旅をするうちに、描きたいことが見つかり、こうして本を出せることになりました。

　この2年間、ラダックでのひと夏の冒険を何度も反芻し、再解釈を重ね、絵や言葉をひねり出してきました。自分で行ける国や地域には限度がありますが、思い出に深く潜る旅に限りはないのかもしれません。旅は行って終わりではなく、その後も自分を照らし続けてくれています。

　この本は、旅やバイクが好きな方、ラダックに興味のある方はもちろん、日々少し息苦しく感じているような方にも楽しんでもらえたらと思い、描きました。

　本書を読んで、実際にラダックまで行く方は、そう多くはないと思います。私自身も、いつまで冒険旅行ができるかわかりません。

　けれども旅は、近くてもいいのだと思います。週末でも、日帰りでも、1時間でも。通勤途中の知らないお店でも、近所の散歩でも。息が詰まった時、旅は身も心も外へ連れ出し、息継ぎさせてくれます。

　たとえ、旅ができなくとも。本書を通じて旅気分に浸れたり、一緒にドキドキワクワクしたり、つらいことなどから離れて少しでもホッとできたりしたら、作者としてこれ以上の喜びはありません。

　この本はたくさんの方のおかげで完成させることができました。

　まず、同人誌『ワンマン夏休み』をお手に取ってくださったみなさま。同人誌の反響が、出版を後押ししてくれました。文字どおり、みなさまのおかげでこの本ができました。本当にありがとうございます。

　私の思いやこだわりにじっくり耳を傾け、限界まで一緒に走ってくださった編集の篠原さん。心躍るデザインを作ってくださったAPRONの植草さんと前田さん。的確なアドバイスをくださった山本さん。本の精

度を高めてくださったMAPの荒木さんと校閲のぴいたさん。ほかご協力いただいたみなさま。諸々お待たせしました…。自分の作品がプロの手によって磨かれる様に感動しました。心から御礼申し上げます。

快くバイクを描かせてくださったROYAL ENFIELD関係者さま。1か月の夏休みとフォローをくださった職場のみなさま。SNSなどで限界ツーリングや原稿ドタバタ劇場を見守ってくれたみなさま。同人誌の最初の一歩を踏み出させてくれた鈴木ユートピアさん。PMさながらに支えてくれたひろしさん。心配しつつ応援し続けてくれた友人のみんなと家族に、心から感謝します。何度もくじけそうになりましたが、無事旅をして帰ってこられて、200ページを最後まで描ききれたのは、みなさまのおかげです。

そして、今この本をお手に取ってくださっている読者のみなさま！　本当にうれしいです、ありがとうございます。おなかに気をつけて、ご安全に、よい旅を。ジュレー！

2024年　夏　里中はるか（はるか180cm）

参考文献

『ラダック旅遊大全』山本高樹（雷鳥社）、『ラダックの風息 空の果てで暮らした日々［新装版］』山本高樹（雷鳥社）、『インドの奥のヒマラヤへ ラダックを旅した十年間』山本高樹（産業編集センター）、『ラダックを知るための60章 エリア・スタディーズ』煎本孝 山田孝子（明石書店）、『物語 チベットの歴史 - 天空の仏教国の1400年』石濱裕美子（中央公論新社）、『13億人のトイレ 下から見た経済大国インド』佐藤大介（KADOKAWA）

SPECIAL THANKS

ラダック情報監修：山本高樹さん

十数年にわたりラダックの取材をライフワークとしている、著述家・編集者・写真家。ラダック関連の著書多数。旅の最中から本の執筆まで、たくさんのアドバイスをありがとうございました。

旅の参考：上甲紗智さん（Hidden Himalaya）、三井昌志さん、タミオーさん、SOさん、traさん、NonAlcoholRiderさん、ゆっちーさん
協力：鈴木ユートピアさん、ひろしさん、コンテくん、背骨さん、てらさん、ゆうしろうさん、小西珠美さん、けんさん、沢哲司先生、FromUのみなさま、ほか相談に乗ってくれたみなさま

STAFF

ブックデザイン：APRON（植草可純、前田歩来）
MAP：荒木久美子
校閲：ぴいた
編集：篠原賢太郎

女《おんな》ひとり、
インドのヒマラヤでバイクに乗《の》る。

2024年9月26日　初版発行

著　者　里《さと》中《なか》 はるか
発行者　山下 直久
発　行　株式会社KADOKAWA
〒102-8177　東京都千代田区富士見2-13-3
電話　0570-002-301（ナビダイヤル）
印刷所　TOPPANクロレ株式会社
製本所　TOPPANクロレ株式会社

○お問い合わせ
https://www.kadokawa.co.jp/（「お問い合わせ」へお進みください）
※内容によっては、お答えできない場合があります。
※サポートは日本国内のみとさせていただきます。
※Japanese text only

定価はカバーに表示してあります。

ISBN 978-4-04-606559-9 C0095

語源クイズ
わたしは
なんでショー
全3巻

1 もともと人名です

2 もともと外国語です

3 もともと地名です

語源クイズ　わたしはなんでショー①
もともと人名です

2024年10月31日　第1刷発行

企画・監修	倉本美津留
クイズ作成	上田るみ子
イラスト	タナカカツキ
発行者	小松崎敬子
発行所	株式会社岩崎書店 〒112-0014 東京都文京区関口 2-3-3 7F 03-6626-5080（営業）03-6626-5082（編集）
印刷	三美印刷株式会社
製本	株式会社若林製本工場

Published by IWASAKI Publishing Co., Ltd. Printed in Japan
NDC798　ISBN978-4-265-09174-4

岩崎書店ホームページ https://www.iwasakishoten.co.jp
ご意見、ご感想をお知らせ下さい。info@iwasakishoten.co.jp
乱丁本、落丁本は小社負担にておとりかえいたします。